Christoph Martin Wieland

Versuch über das deutsche Singspiel

Christoph Martin Wieland

Versuch über das deutsche Singspiel

ISBN/EAN: 9783743365445

Hergestellt in Europa, USA, Kanada, Australien, Japan

Cover: Foto ©Thomas Meinert / pixelio.de

Manufactured and distributed by brebook publishing software (www.brebook.com)

Christoph Martin Wieland

Versuch über das deutsche Singspiel

C. M. WIELANDS

SÄMMTLICHE WERKE

SECHS UND ZWANZIGSTER BAND

SINGSPIELE UND ABHANDLUNGEN.

LEIPZIG

BEY GEORG JOACHIM GÖSCHEN. 1797.

INHALT DES XXVI. BANDES.

———

A L C E S T E

EIN SINGSPIEL IN FÜNF AUFZÜGEN.

Von dem

Kapellmeister Anton Schweitzer in Musik gesetzt

und in den Jahren 1773 und 74 auf dem damahligen

Weimarischen Hoftheater aufgeführt.

PERSONEN.

ADMET, König von Ferä in Thessalien.

ALCESTE, seine Gemahlin.

PARTHENIA, ihre Schwester.

HERKULES.

Kinder, Frauen der Alceste und Diener Admets, als stumme Personen.

Ein Kor männlicher und weiblicher Hausgenossen, im fünften Aufzuge.

Der Schauplatz ist im Palast Admets.

ERSTER AUFZUG.

Ein Vorsahl an Alcestens Zimmer.

ERSTE SCENE.

ALCESTE allein.

Er ist gekommen,
Der Bote, der die Antwort mir des Gottes
Von Delfi bringt. Ich wagt' es nicht
Die Augen zu ihm aufzuheben.
An seinen Lippen hängt
Dein Schicksal, mein Admet! — das Schicksal
                  deiner Gattin!
O gute Götter, habt ihr jemahls
Der frommen Liebe Flehn euch rühren lassen,
So hört mich, Götter! rettet, rettet ihn!
Wo nicht, so lasset mich mit ihm erblassen!

Zwischen Angst und zwischen Hoffen
Schwankt mein Leben, wie im Rachen
Der empörten Flut ein Nachen
Ängstlich zwischen Klippen treibt.

Der Donner rollt, die Winde brausen,
Die aufgewühlten Wogen kochen;
Rings um mich her ist Nacht und Grausen!
Diefs Herz, ein Herz das nichts verbrochen,
Ist alles was mir übrig bleibt!

Zwischen Angst und zwischen Hoffen
Schwankt mein Leben, wie im Rachen
Der empörten Flut ein Nachen
Ängstlich zwischen Klippen treibt.

Z W E Y T E S C E N E.

ALCESTE, PARTHENIA.

ALCESTE.

Parthenia! — Gott!
Wie blafs ist ihre Wange!
Sie bebt! — O Schwester, lafs mich nicht
In dieser Ungewifsheit! Hat Apollo
Mein Urtheil ausgesprochen? Rede, rede!
Bringst du mir Leben oder Tod?

PARTHENIA,

mit weggewandtem Gesicht und erstickter Stimme.

Ach Schwester!

ALCESTE.

Was sagst du? Muſs er sterben?

PARTHENIA.

Unerbittlich,
Ach! unerbittlich sind die furchtbar'n Töchter
Des Erebus! Schon strecket Atropos
Die schwarze Hand — Bald wird der Faden
                          seines Lebens
Durchschnitten seyn —

ALCESTE,

indem sie kraftlos auf einen Lehnstuhl sinkt.

Ihr Götter!

PARTHENIA.

Fasse dich, Geliebte!
Noch schimmert uns
Ein Strahl von Hoffnung; noch
Lebt dein Admet, und soll
Bis an das fernste Ziel der Menschheit leben,
Wenn jemand sich entschlieſst
Für ihn sich hinzugeben.

ALCESTE.

Parthenia, sprichst du wahr?

PARTHENIA.

Apollo spricht's aus meinem Munde.

ALCESTE.

Und zweifelst du, ob jemand ist
Der sich entschliefse für Admet zu sterben?

PARTHENIA.

O Schwester, welch ein Mittel ihn zu retten!
Wer wird die Liebe, wer die Grofsmuth bis
Zu diesem Grad der Höhe treiben?
Sein Vater selbst, der abgelebte Greis,
Der lebendtodt ein freudeleeres Daseyn
Vielleicht noch wenig Tage schleppen wird,
Sein Vater selbst
Kann zu der edeln That sich nicht ent-
                    schliefsen.
Wir flehten ihm, umfafsten seine Knie,
Beschworen ihn! Umsonst! gefühllos, taub,
Taub wie ein Marmor, blieb er unserm Flehen.

ALCESTE.

Das Alter hat in seiner kalten Brust
Die Quelle der Empfindung aufgetrocknet.
Doch, klage nicht, Parthenia! — Mein Admet
Wird leben! lebt in diesem Augenblick
Schon wieder auf! — Es ist gefunden,
Das Opfer, das für ihn der Parzen Zorn
                    versöhnt.

PARTHENIA.

Es ist gefunden, sagst du? — sagst es mir so
       ernst
Und so gelassen? — Götter, welche Ahnung
Weckt diese furchtbare Gelassenheit
In meinem Busen! — Liebste Schwester!
Welch ein Entschluſs —

ALCESTE.

Er ist gefaſst!

  Ihr Götter der Hölle,

  Ihr furchtbaren Schatten,

  O! schonet den Gatten!

  Hier bin ich, und stelle

    Zum Opfer mich dar!

Kniend.

Euch weih' ich mein Leben!

Sie erhebt sich wieder.

  Sie haben's vernommen!

  Sie kommen, sie kommen!

  Ich höre das Schweben

  Der schwarzen Gefieder.

  Sie steigen hernieder!

  Sie hohlen das Opfer

    Zum Todesaltar!

Ihr Götter der Hölle,

Ihr furchtbaren Schatten,

O! schonet den Gatten!

Hier bin ich, und stelle

Zum Opfer mich dar!

PARTHENIA.

O gute Götter, höret nicht

Was in der Angst der zärtlichen Verzweiflung

Ein liebekrankes Herz euch angelobt! —

Komm, liebste Schwester, komm in meine Arme!

Komm zu dir selbst zurück! — Besinne dich,

Alceste! — Sieh mich an, die dich so zärtlich

Von unsrer Kindheit an geliebt, mich, die du wieder

So zärtlich liebtest, — kannst du den Gedanken,

Mich zu verlassen, nur erträglich finden?

Verlassen willst du Freunde, Vaterland

Und Kinder, alles was den Sterblichen

Das Theu'rste ist, verlassen? — dieses goldne Licht

Der Sonne mit der ew'gen Nacht

Des Tartarus vertauschen? — jeder Freude

Des Lebens, jedem schönen Blick

In wonnevolle Tage die dir winken

Entsagen? — Schrecklich! Nein, du sollst es nicht!

O ruf's zurück, Unsinnige, das rasche

Entsetzliche Gelübd —

ALCESTE.

Es ist unwiderruflich!
Vergebens marterst du mein leidend Herz:
Laſs ab, Parthenia! Nur zu sehr empfind' ich
Der Trennung Qual. — O meine Kinder! —
O mein Gemahl! — O meine Schwester! —
                    Bald,
Bald werden diese halb erloschnen Augen
Nicht mehr voll Liebe sich
An eurem Anblick weiden!
Die Parze ruft! Wir müssen — ach!
Wir müssen scheiden!

PARTHENIA.

Uns scheiden? O verhütet es,
Gerechte Götter! Nein, Alceste, nein!
Noch ist es Zeit. Die Götter haben Mitleid
Mit unsrer Schwachheit; hören nicht
Gelübde, von Verzweiflung
Der Liebe ausgepreſst. — Es ist —

ALCESTE.

Geschehn! Sie haben mich erhört!
Der Tod erwartet gierig seine Beute.
Schon fühl' ich seine Hand — Wie kalt
                    sie ist!
Ein banges Schaudern läuft durch meine Adern.
Parthenia, lege deine Hand auf diesen Arm
Und fühle —

PARTHENIA.

Götter!

ALCESTE.

Ja, ich sterbe,
Und mich gereuet mein Gelübde nicht.
Du lebst, Admet! — Wie leicht, wie süfs
　　　　　ist's der,
Die nur für dich gelebt, für dich zu sterben!

PARTHENIA.

Nein, nein! Bey allen Mächten des Olympus!
Du sollst nicht sterben, wenn im ganzen
　　　　　Umfang
Der allbelebenden Natur
Ein Mittel übrig ist. — Ich eile! — Gute
　　　　　Götter,
O helft, o rettet sie!

ALCESTE allein.

Wohin, wohin, Parthenia? Höre mich! —
Sie ist entflohn! Unglückliche,
Dein Eifer ist umsonst!
Kein Mittel, keine Wunderkraft der Kunst,
Kann einen Tag zu meinem Leben setzen.
Ich bin den Todesgöttern heilig,
Ich sterbe! — Dieses bange, langsam durch
Mein Innerstes hinkriechende

Noch nie gefühlte Schaudern,
Es ist der Tod! —

Sie sinkt in einen Lehnstuhl.

Parthenia! — Admet! — Wo seyd ihr?

O du, mein zweytes befsres Ich,
Wo bist du? Kannst du, kannst du mich
In diesem letzten Kampf verlassen?
Ich sterb', ein Opfer meiner Pflicht,
Du lebst, Admet, und eilest nicht
Alcestens Seele aufzufassen?

ENDE DES ERSTEN AUFZUGS.

ZWEYTER AUFZUG.

Der Vorsahl vor Alcestens Zimmer.

ERSTE SCENE.

A D M E T allein.

Wo ist Sie, daſs ich diese Freude
In Ihren Busen schütte? Diese Wonne
Mit Ihr empfinde? Dieses neue Leben
In Ihren Armen doppelt wieder fühle?
Allmächt'ge Götter! welch ein Wunder rief
So plötzlich mich vom schwarzen Ufer
Des Styx zurück?

Wem dank' ich diefs Leben, wem dank' ich
die Wonne,
Zum zweyten Mahle geboren zu seyn?

Mit welcher Wollust saugt, o alles erquik-
kende Sonne,

Mein Auge deine Strahlen ein!

Wohlthätige Götter! Euch dank'. ich die
Wonne,

Zum zweyten Mahle geboren zu seyn!

Z W E Y T E   S C E N E.

A D M E T,   P A R T H E N I A.

P A R T H E N I A.

Unglücklicher! du überlässest dich
Der Freude? — Wüsstest du —

A D M E T.

Parthenia!

P A R T H E N I A.

Gott! wo werd' ich Worte finden,
Das schreckliche Geheimnifs —

A D M E T.

Welch ein Geheimnifs? Schwester, deine Worte
Sind schreckend! schreckender dein Blick!
O rede, rede!

PARTHENIA.

Beweinenswürdiger! — Alceste! — deine
Gattin —
— Ich kann nicht reden — Sieh!

DRITTE SCENE.

Das Zimmer der Alceste öffnet sich, und zeigt
ALCESTEN, in einem Lehnstuhl schlummernd. Eine
Kammerfrau kniet neben ihr; zwey andere stehen seitwärts,
aufmerksam auf den Augenblick ihres Erwachens lauschend.

ADMET, PARTHENIA, ALCESTE.

ADMET.

Alceste! — Götter! welch ein tödtender
Gedanke
Trifft wie ein Donnerkeil in meine Seele!
Alceste —

PARTHENIA.

Stirbt — Du lebst — Nun weifst du Alles!

ADMET.

Weh mir! Sie stirbt? — Sie stirbt damit
ich lebe?
O Lieb'! o Tugend! —

Zu ihren Füfsen.

Du, für deren Werth
Die Sprache keinen Nahmen hat, Getreuste,
        Beste,
Geliebteste der Weiber! Höre, höre mich!
O hebe deine Augen, siehe mich
Zu deinen Füfsen —

ALCESTE erwacht. Sie betrachtet ihn etliche Augenblicke mit liebevollen Blicken, als ob sie sich seines Daseyns
versichern wolle, dann reicht sie ihm die Hand.

A L C E S T E.

O mein Admet, Du lebst? Dank sey den
        Göttern!
Du lebst!

A D M E T.

Für dich, für dich allein, Alceste!
Was könnte diefs Geschenk der Götter ohne dich
Mir helfen?

P A R T H E N I A.

Ach! zu theu'r, Admet,
Zu theuer mufst du es erkaufen!

A L C E S T E.

Zu theuer, sagst du? — O Parthenia,
Du kennest nicht was eine liebende
Getreue Gattin fähig ist.

Hätt' ich für sein schönes Leben
Tausend Leben hinzugeben,
O mit Freuden gäb' ich sie.

ADMET.

Große Götter! welche Liebe!

PARTHENIA.

Welch ein Beyspiel reiner Triebe!

BEIDE.

Nein! Die Erde sah es nie!

ALCESTE.

Ohne dich, wie könnt' ich leben?
O Geliebter, sage, wie?

ADMET, PARTHENIA.

Bestes Weib! dein eignes Leben
Für den Gatten hinzugeben!

ALCESTE.

Hätt' ich tausend hinzugeben,
O mit Freuden gäb' ich sie!

ADMET.

Zu lang', Alceste, ließ ich dich
In einem Irrthum, den mein Herz verabscheut.

Du, die ich mehr als diese Augen, mehr
Als meine Seele liebe, solltest sterben?
Für mich? Für mich? — Und dein Admet,
　　　　der nur
Um deinetwillen noch zu athmen wünschte,
Er sollt' um diesen Preis sein Leben kaufen?
O glaub' es nicht, Alceste! Halte nicht
Den Mann, der deiner Liebe würdig war,
Der schmählichen verhafsten Feigheit fähig!

ALCESTE.

Admet, ich kenne deine ganze Liebe.
Hier fühl' ich sie; mein Herz ist mir
Für deines Bürge —
Grofs und edel war es stets;
Und diefs entscheidet unsern Streit.
Wie? Solltest du dich weigern können
Der, die du liebst, die Qual, dich zu verlieren,
Die schrecklichste der Qualen, abzunehmen?
Du bist ein Mann; ich nur ein schwaches
Muthloses Weib! — O sage nicht, Admet,
Du liebest mich, wenn du nur denken,
Nur zweifeln kannst, dafs ich
Dich überleben sollte.

ADMET.

Ihr hört sie, Götter! — Und ihr könntet sie
Mir rauben? Könntet so viel Tugend
Der Welt entziehen? Dieses holde, schöne
Liebathmende Geschöpf in seiner Blüthe
Dem Orkus opfern? — Nein,

Ihr seyd nicht Götter, oder
Ihr könnt es nicht!

A L C E S T E.

O mäfs'ge dich, Admet!
Erzürne nicht die Mächte, die uns trennen!
Vielleicht dafs die Geduld, womit wir ihrem
Willen
Uns unterwerfen, ihre Strenge mildert.
Vielleicht erweicht sie — Doch, was hälf'
es uns
Mit eitler Hoffnung unsern Schmerz zu täu-
schen?
Apollo hat gesprochen! — Mein Gemahl,
Geliebter, bester Mann! wie könnt' ich schöner
Mein Leben als für dich verlieren?
Verlieren? Nein! wenn Du lebst, ist es nicht
Verloren! Leb' ich nicht in dir?

A D M E T.

Was kann ich sagen? Gott! was kann ich ihr
Erwiedern? — Schau in meine Seele,
Geliebtes Weib! — Alceste, höre mich!
Um aller Götter willen, höre mich!
Du hoffst durch deinen Tod mein Leben zu
erkaufen?
Vergebens hoffst du? — Deine Wohlthat ist
An mir verloren. Fordre nichts
Unmögliches. Ich kann nicht, kann nicht
Dich überleben! Unsre Seelen hat

Die Liebe unauflöslich in einander
Verwebt, und ewig, ewig unzertrennbar
Vereinigt, sollen sie ins Land der Schatten
      gehen!

ALCESTE.

Er hört mich nicht — Parthenia! geh, und
      hohle
Mir seine Kinder her.

Parthenia gehorcht.

VIERTE SCENE.

———————

ADMET, ALCESTE.

ADMET.

Alceste, sey gerecht! Du, die so zärtlich liebt,
So edel denkt, o sey gerecht, Alceste!
Kannst du von mir verlangen, was
In meinen eignen, was in Aller Augen mich
Entehren müfste? — Nein, beym Himmel,
      nein,
Ich will die Schmach nicht dulden,
Dafs jeder, dem ein Herz im Busen schlägt,
Mit Fingern auf mich weise, spottend sage:
Hier geht er, hier,
Der Feige, der sein Leben mehr

Als seine Ehre liebt! der fähig war
Mit seiner Gattin sich vom Tode los zu kaufen!

A L C E S T E.

Und kann Admet vergessen, dafs sein Leben
Nicht ihm, nicht seiner Gattin zugehört?
Hast du kein Volk, das dich anbetet? Hast
Du seine Thränen, seine Opfer, seine
Gelübde für dein Leben schon vergessen?
Vergessen, wie es schaarenweis' mit bleichen
Gesichtern, mit empor um Hülfe
Gerungnen Armen deinen Vorhof füllte?
O lafs nicht, mit dem Gram dich ihrer Liebe
Unwerth zu sehn, Alcestens Geist beschämt
Vor deinen Vätern sich verbergen müssen.

A D M E T.

Grausame! Höre auf mein Herz zu foltern!
Ich kann in dieser schrecklichsten der Stunden
Nicht denken, nichts als dich! Du, du, Alceste,
Bist mir die ganze Welt! Verlier' ich dich,
So ist für mich kein Volk, kein Vaterland,
Kein Leben mehr —

———

FÜNFTE SCENE.

PARTHENIA mit den Kindern, DIE VORIGEN.

ALCESTE, indem sie ihre Kinder erblickt.

Auch keine Kinder?
Kommt, Kinder, lafst zum letzten Mahl
An diese Brust euch drücken. — Süfse, rührende
Geschöpfe! —

Sie umarmt sie.

Bald, o meine Kinder,

mit erstickter Stimme,

Bald habt ihr keine Mutter mehr!
Admet, o sieh sie an,
Und wenn du jeden andern Nahmen, der dir
heilig
Seyn soll, vergessen hast,
Kannst du vergessen, dafs du Vater bist?

ADMET.

Unwiderstehlichs Weib! Wer kann dich hören,
Dich sehn, dich sterben sehn
Und überleben wollen? — O! dir gab
Ein Gott es ein,
Die Pfänder unsrer Liebe mir zu Hülfe
Zu rufen! — Siehe Du sie an, Alceste!

Erbarm dich ihrer Unschuld, ihres zarten
Hülflosen Alters! Sieh,
Wie sie bestürzt mit liebevoller Angst
Die kleinen Arme dir entgegen strecken!

A L C E S T E.

Geliebter! schone deiner sterbenden
Zu schwachen Gattin! Kürze nicht durch diese
Grausame Zärtlichkeit die Augenblicke,
Die uns die Parze schenkt!

A D M E T.

O meine Kinder!
Ihr fühlet nicht was ihr verliert —

A L C E S T E.

Ich fühl's für sie.

A D M E T.

Und änderst nicht den schrecklichen Entschluſs?

A L C E S T E.

Wie kann ich? — Ach, Admet, die Todesgötter
Sind unerbittlich. Eines von uns beiden
Muſs fallen! — O! um unsrer Liebe,
Um dieser armen
Unmündigen, um deiner Gattin willen,
Laſs mich, laſs mich allein das Opfer seyn!

A D M E T, von Thränen erstickt.

Es ist zu viel!

ALCESTE.

Weine nicht, du meines Herzens
Abgott! Gönne mir im Scheiden
Noch die süfseste der Freuden,
   Dafs mein Tod dein Leben ist.

Ach die Gröfse deines Schmerzens
Ist das Mafs von meinen Leiden.
Mein Gemahl! O meine Kinder!
Glaubet nicht, ich fühle minder,
   Weil mein Herz bey euern Leiden
   Seiner eignen Noth vergifst!

Weine nicht, du meines Herzens
Abgott! Gönne mir im Scheiden
Noch die süfseste der Freuden,
   Dafs mein Tod dein Leben ist.

Alceste, durch diese letzte Anstrengung ihrer Kräfte
erschöpft, fällt in eine Ohnmacht, aus welcher sie durch
die Zuckungen des Todes wieder erweckt wird. Die
Kammerfrauen drücken ihren Jammer durch Geberden aus,
und zeigen sich geschäftig ihr beyzustehen. Admet liegt
trostlos zu ihren Füfsen; er streckt mit flehenden Geberden
die Arme gen Himmel, bemüht sich Worte heraus zu
bringen, aber vergebens. Parthenia führt die weinenden
Kinder hinweg. Da sie zurück kommt, findet sie ihre
Schwester mit dem Tode ringend.

PARTHENIA.

Sie stirbt, o Gott! sie stirbt —

ADMET.

O! ist denn kein Erbarmen
Im Himmel mehr?

ALCESTE, sterbend.

O Sonnenlicht, o mütterliches Land,
O Schwester, o Gemahl! — Zum letzten Mahl
Sieht euch Alceste — Drücke deinen Mund
An meinen Mund, Admet — ich sterbe —
        Lebet wohl!
Geliebte — lebet —

> Admet sinkt von Schmerzen betäubt zu Boden. Einige
> Bediente bringen ihn hinweg. Die Kammerfrauen breiten
> einen weißen Schleier über das Gesicht der erblaßten
> Königin.

PARTHENIA.

O! dieser Schmerz zerreißt die Dämme der
        Geduld!

  Sie stirbt, ihr Götter!

  Sie bringt den Schatten

  Sich selbst zum Opfer

  Von ihrer Pflicht!

  Grausame Götter!

  Ihr könnt es sehen?

Und unsre Thränen,

Die Angst des Gatten,

Sein heifses Flehen,

Sein banges Stöhnen,

Es rührt euch nicht?

Da ist kein Retter!

Sie stirbt! — Alceste!

Die treuste, beste!

Und, o ihr Götter!

Ihr rettet nicht!

ENDE DES ZWEYTEN AUFZUGS.

———

DRITTER AUFZUG.

Ein mit Lorberbäumen besetzter Vorhof, und in einiger
Entfernung ein Theil des königlichen Palasts auf Dorischen
Säulen ruhend.

ERSTE SCENE.

HERKULES allein.

Die Sonne neigt sich.   Müd' und ruhbedürftig
Betret' ich deinen wohl bekannten Vorhof,
Gastfreyes Haus!
Gesegnet sey mir, holder Sitz der Unschuld,
Der Zärtlichkeit, des stillen Glücks!
Sey mir gesegnet, frohes Thal,
Wo einst der Gott des Lichts
In Schäfertracht Admetens Herden führte,
Und, seines Götterstands entsetzt,
Die angenommne Menschheit zierte!

Beglücktes Land, — o möcht' Alkmenens Sohn,
Wenn er, von Ruhm und Siegen müd',
Einst auszuruhn verdient, des Lebens Rest
In deinen Schatten sanft verfliefsen sehen!

O du, für die ich weicher Ruh

Und Amors süfsem Scherz entsage,

Du, deren Nahmen ich an meiner Stirne trage,

Für die ich alles thu',

Für die ich alles wage,

O Tugend! — Einen Wunsch, nur Einen
Wunsch gewähre

Dem der sich dir ergab! Wenn einst die
Bahn der Ehre

Durchlaufen ist, wenn er sich sehnt nach Ruh,

So schliefse hier am Abend seiner Tage

Die Freundschaft ihm die Augen zu!

Doch, was bedeutet diese tiefe
Unzeit'ge Stille? Keine Lieder hallen
Den Säulengang herauf?
Verlassen, öde, wie die Trümmern einer
Zerstörten Stadt, ist dein Palast, Admet?
Verlassen von den Göttern
Der Freude, deren Sitz er war!
Was für ein Unfall — Wie? Mir däucht ich
hörte
Ein Klaggeschrey aus jener Halle tönen.

Ein Bedienter kommt aus dem Hause hervor, und eilt, da
er den Herkules erblickt, mit einer Geberde der Bestürzung
zurück.

O sage, Freund, — Er flieht mich! — Trüb-
     sinn hängt
Um seine Stirne! — Zu gewifs! ein Unglück traf
Admetens Haus! — O wende, Vater Zevs,
Die Vorbedeutung ab! — Doch, was es sey,
Ich mufs es wissen! Rastlos treibt mich zwar
Der unversöhnbarn Juno Groll
Von einem Abenteu'r zum andern; aber hier,
Hier ruft die Freundschaft mir! Ihr Ruf
Geht allem andern vor —

Z W E Y T E S C E N E.

PARTHENIA, HERKULES.

P A R T H E N I A.

Alkmenens Sohn? — Willkommen, o Befreyer
Von Gräcien, willkommen, Herkules,
Dem Haus Admets!

H E R K U L E S.

Wo ist er, wo? Was hält
Von seines Freundes Armen ihn zurück?

P A R T H E N I A.

Du weifst es nicht?

HERKULES.

Kaum bin ich angekommen.
Noch sah ich niemand; nur ein Klageton
Schien aus dem innern Hause mir entgegen
Zu dringen — Reifse mich aus diesem Zweifel!
Er lebt doch wohl?

PARTHENIA.

Er lebt.

HERKULES.

Er lebt — und trüber Gram umwölkt dein
Auge
Prinzessin? Traurig sagst du mir, er lebt?

PARTHENIA.

Vor wenig Stunden schwebte noch sein Geist
Im Thor des Tartarus.

HERKULES.

Was sagst du?

PARTHENIA.

Durch ein Wunder ist
Er wieder uns geschenkt.

HERKULES.

Dank hab' Apollo! Denn sein Werk
War's ohne Zweifel! — Und Alceste — deine
Schwester?

PARTHENIA.

Welchen Nahmen nanntest du,
Unglücklicher!

HERKULES.

Du schreckst mich! — Wie? Alceste —?

PARTHENIA.

Hat gelebt.

HERKULES.

Beklagenswerther Freund! Was thatest du
Den Göttern? — Welch ein Wechsel!

PARTHENIA.

Ach! wüfstest du erst alles, Herkules!

HERKULES.

Was kann ich ärgers wissen?

PARTHENIA.

Freywillig gab die treue Gattin sich
Für ihn dahin. Er lebt durch ihr Erblassen.

HERKULES.

Der feige Mann! — Konnt' er so niedrig seyn
Um diesen Preis sein Leben anzunehmen?

PARTHENIA.

Ach! da sie sich an seiner Statt den Parzen
Zum Opfer darbot, rang er mit dem Tode.
Er wufst' es nicht.

HERKULES.

O Beyspiel ohne gleiches!
Und du, Apollo, liefsest es geschehn?
Du, der in diesem menschenfreundlichen
Wohlthät'gen Haus vor meines Vaters Zorn
Einst eine Freystatt' fand? —

PARTHENIA.

Er that was möglich war;
Doch selbst den Göttern ist
Nicht Alles möglich. Gänzlich liefsen sich
Die Parzen nicht erbitten. Jemand mufste
Zum Opfer für Admet sich selber weihen.
Diefs war die Antwort, die uns Delfi sandte.
Kaum hörte sie den Götterspruch,
So war ihr Schlufs gefafst,
Und unbeweglich blieb die Heldin unserm Flehn.

HERKULES.

Und so viel Tugend sollt' ein Aschenkrug
Verschliefsen? — Nein! So wahr ich Sohn
Des Donnergottes bin, das soll er nicht!
Prinzessin, kann ich nicht Admeten sehn?

PARTHENIA.

Was wird dein Anblick ihm in diesem Jammer
helfen?

HERKULES.

Ich mufs ihn sehn.

PARTHENIA.

Ach! ist er fähig deinen Anblick zu ertragen?
Er haſst den Tag, er haſst die Gegenwart
Der Menschen die er liebte, haſst
Sein eignes Daseyn, fleht den Tod
Um Mitleid an.

Er flucht dem Tageslicht
In seinem Schmerz;
Sein bloſser Anblick bricht
Ein fühlend Herz;
Ihm Trost zu geben, fänd'
Ein Gott zu schwer!

Er hört mit taubem Ohr
Der Freundschaft Stimme;
Starrt zum Olymp empor
In stummem Grimme;
Kennt sinnlos weder Furcht
Noch Hoffnung mehr!

Er flucht dem Tageslicht
In seinem Schmerz;
Sein bloſser Anblick bricht
Ein fühlend Herz;
Ihm Trost zu geben, fänd'
Ein Gott zu schwer!

O Herkules! was bleibt der Freundschaft übrig
Für ihn zu thun? Er ist —

H E R K U L E S.

Mein Freund!
Nie war er meiner Hülfe mehr benöthigt.
O laſs mich —

P A R T H E N I A.

Wohl! versuch' es, Göttersohn!
Vielleicht erweckt der Anblick eines Helden
Sein schon erstorbnes Herz. Ich geh'
Ihm deine Ankunft anzusagen.

Sie geht ab.

D R I T T E   S C E N E.

HERKULES allein.

Es ist beschlossen!
Durch nie erhörte, durch den Erdensöhnen
Versagte Thaten soll, o Vater Zevs,
Dein Sohn den Weg sich zum Olympus öffnen!
Herab zum Orkus steig' ich, zwing' ihn, mir
Alcesten
Zurück zu geben, — oder unterliege
Der groſsen That!

Er geht in den Palast hinein.

VIERTE SCENE.

Der Schauplatz verwandelt sich in einen Sahl des Palasts.

HERKULES, ADMET.

Admet in einem Lehnstuhl, mit dem Arme auf einen kleinen Tisch gestützt, auf welchem ein Aschenkrug steht. Herkules nähert sich ihm langsam und schweigend, mit dem Ausdruck der mitleidenden Freundschaft in seinen Blicken. Admet sieht ihn mit starren Augen an.

HERKULES.

Wie? kennst du deinen Freund nicht mehr?

ADMET.

O ja, ich kenne dich! — Du bist — der Sohn
Von einem Gotte der mich elend macht.

HERKULES.

Admet, ich bin dein Freund, wiewohl du selbst
Kein Mann mehr bist. Ich kann nicht mit dir weinen,
Nicht jammern wie ein Weib, — doch helfen will ich dir.

ADMET.

Mir helfen?

HERKULES.

Ja, dir helfen oder im Versuch
Mein Leben lassen.

ADMET.

Diefs kannst du; helfen kann kein Gott mir!

HERKULES.

Fasse,
Ermanne dich, Admet; noch ist nicht alles
Verloren —

ADMET.

Wie? Nicht alles? Ist
Alceste nicht verloren?
Sieh her! Da, siehst du diesen Aschenkrug?
Bald wird er alles, alles was von ihr
Mir übrig ist, verschlingen!

HERKULES.

Hoffe besser, Freund!

ADMET.

Ich hoffen? Rasest du?
Kannst du den Orkus zwingen, seine Beute
Zurück zu geben? — Hör' es, wenn du es
Noch nicht gehört! Todt ist sie, todt! erkaltet,
                    athemlos,
Todt, sag' ich dir! — Ich habe nichts zu
                    hoffen!

HERKULES.

Dein Zustand jammert mich, Admet,
Ich fühle deinen Schmerz.   Doch zur Ver-
zweiflung sinkt
Kein edler Mann herab! — Wie? war Admet
Nicht immer ein Verehrer
Der Götter? — Wo ist sein Vertraun
Auf ihre Macht?   .

ADMET.

Ach, Freund! sie haben mich
Verworfen! hörten nicht mein Flehn!

HERKULES.

Der Ausgang soll mit ihnen dich versöhnen,
Kleinmüthiger! — Ich gehe — Herkules
(Du kennest ihn) ist nicht gewohnt durch
Worte
Zu reden.   Lebe wohl! Bald sehen wir uns
wieder!

ADMET.

Was willst, was kannst du thun?

HERKULES.

Freund, zweifle nicht!
Was Herkules verspricht
Das wird er halten!

Ruf deinen Muth zurück!

Die Götter walten!

Ihr Beyfall ist der Tugend Sold;

Sie sind den Frommen hold,

Und werden dein Geschick

   Bald umgestalten!

Freund zweifle nicht!

Was Herkules verspricht

   Das wird er halten!

ENDE DES DRITTEN AUFZUGS.

VIERTER AUFZUG.

ERSTE SCENE.

Der Vorsahl.

PARTHENIA allein.

Mit bangem Herzen, selbst des Trostes dürf-
tig, den
Ich gebe, geh' ich, meine Thränen
Admetens Thränen zu vermischen.
Dank sey den Göttern! diese Linderung
Ist doch nicht länger ihm versagt.
Nicht mehr versunken in betäubende
Verzweiflung, hat sich an der Hand
Der Freundschaft seine Scele wieder aufge-
richtet.
Er fühlt sich wieder selbst, kann weinen, findet
Trost
In mitgeweinten schwesterlichen Zähren.
Sogar ein Sonnenblick von Hoffnung kämpft

Aus seinem trüben Aug' hervor, seitdem
Alkmenens Sohn, dem nichts unmöglich ist,
Ihn Hoffnung fassen hiefs.
Allein zu bald verschlingt den ungewissen
        Strahl
Des Grames düstre Wolke wieder.
Er sinkt zurück in seine vorige
Trostlose Kleinmuth.   Ach! in diesem Zustand
        ist's,
Wo er der Freundschaft sanfte Hand am meisten
Vonnöthen hat. — O ewig theurer Schatten!
Wie kann ich besser meine Liebe dir beweisen,
Als wenn ich was D u liebst erhalten helfe?

O! der ist nicht vom Schicksal ganz verlassen,
    Dem in der Noth ein Freund
      Zum Trost erscheint:

Ein Freund, der willig ist
Die Thränen die er weint
In seinen Busen aufzufassen,
    Der seiner selbst vergifst
      Und mit ihm weint.

O! der ist nicht vom Schicksal ganz verlassen,
    Dem in der Noth ein Freund
      Zum Trost erscheint!.

      Sie geht ab.

Z W E Y T E S C E N E.

Der Schauplatz verwandelt sich in das Zimmer des Admet.

A D M E T allein.

O Jugendzeit, o goldne Wonnetage
Der Liebe, schöner Frühling meines Lebens,
Wo bist du hin? — Ist's möglich, bin ich der,
Der einst so glücklich war? So glücklich einst,
Und itzt so elend! Ohne Grenzen elend,
Wenn nicht die Hoffnung, bald, Alceste, dir
Zu folgen, meine Qual erträglich machte.
Wo bist du? — Irrst du schon, geliebter
                              Schatten,
Um Lethens Ufer? — Ah! Ich seh' sie gehn!
In traur'ger Majestät geht sie allein
Am dämmernden Gestad; ihr weichen schüchtern
Die kleinern Seelen aus, sehn mit Erstaunen
Die Heldin an. — Der schwarze Nachen stößt
Ans Ufer, nimmt sie ein — Der Schleier weht
Um ihren Nacken — O! nach wem, Geliebte,
Unglückliche, nach wem siehst du so zärtlich
Dich um? — Ich folge dir, ich komme! —
Weh mir! Schon hat das Ufer gegenüber
Sie aufgenommen! Liebreich drängen sich
Die Schatten um sie her; sie bieten ihr
Aus Lethens Flut gefüllte Schalen an.

O hüte dich, Geliebte! Koste nicht
Von ihrem Zaubertranke! Ziehe nicht mit ihm
Ein ewiges Vergessen unsrer Liebe ein.

O flieh, geliebter Schatten, fliehe;
Ich unterläge dem Gewicht
Von diesem schrecklichsten der Schmer-
zen.
Noch lebt Admet in deinem Herzen:
Diefs ist sein Alles! O entziehe
Diefs einz'ge letzte Gut ihm nicht!

DRITTE SCENE.

PARTHENIA, mit einem goldnen Becher in der Hand,
ADMET.

PARTHENIA.

Admet, der Gram erschöpft dich; die ermüdete
Natur bedarf Erquickung. Nimm, mein König,
Aus einer schwesterlichen Hand
Nimm diesen Becher! Schmerzenstillend
Ist seine Kraft. Das Land der Isis sendet uns
Den Wundertrank —

ADMET.

Was soll er mir?

PARTHENIA.

Ein Trunk aus Lethe selbst befreyet nicht
gewisser
Von jedem Kummer, jedem Leid das Herz.
Ein allgemein Vergessen —

ADMET.

Weg, Parthenia! weg mit deinem Gift!
Wie? Treulos sollt' ich je
Der theuren Ursach' meines Leids vergessen?
O niemahls, niemahls! — Mit Alcesten hat
Die Freud' auf ewig sich von mir geschieden.
Mein Gram ist meine Speise, mein Vergnügen,
Mein Labsal! — Jede andre Lust
Verschmäht Admet! — Ich will an Sie allein
Nur denken; wachend, träumend Sie, nur Sie
Vor meinen Augen sehn. Auf ihrem Grabe
Soll meine Wohnung seyn! Von meinen Thrä-
nen sollen
Die Myrten wachsen, die ihr Bild umschatten!

PARTHENIA.

Unglücklicher, was hilft es dir

Dein Daseyn trostlos wegzutrauern?

Laſs ewig deine Schmerzen dauern,

Der Orkus giebt Sie nicht dafür!

ADMET.

O laſs mir, laſs mir meine Zähren,

Grausame, laſs mir meinen Schmerz!

Wie könnt' ich diesen Trost entbehren?
Er labt, er nährt mein leidend Herz.

PARTHENIA.

Bedenk, um welchen Preis du lebest!

ADMET.

O, der Gedanke tödtet mich!

PARTHENIA.

Wenn du in Gram dich selbst begräbest,
So starb Alcest' umsonst für dich!

ADMET.

Bemühe dich nicht länger meinen Thränen
Den Lauf zu wehren. Lafs mich weinen,
Parthenia! Diefs allein
Kann meine Seele vor Verzweiflung retten.

PARTHENIA.

Und hast du deines Freundes tröstendes
Versprechen schon vergessen? Hallen nicht
In deinen Ohren noch die letzten Worte
Des Göttersohns?

ADMET.

Er hiefs mich hoffen! — Hoffen soll Admet?
O sprich, Parthenia, sprich, was soll ich hoffen?
Was kann ich hoffen?

PARTHENIA.

Alles! Alles was den Göttern nicht
Unmöglich ist!

ADMET.

Und hat Apollo selbst,
Apollo, der mich liebt, mir helfen können?
Ist Herkules allmächtiger als er?
Ach! zu gewifs ist was ich hoffen könnte
Den Göttern selbst nicht möglich! — Lafs uns
                              nicht
In wesenlose Träum' uns thöricht wiegen!
Der Unglücksel'ge, der im finstern Kerker
Von goldner Freyheit träumte, fühlt erwachend
Der Ketten Zahn nur desto wüthender
In seinem Fleische wühlen. — Ach Parthenia!
Anstatt zu eiteln Hoffnungen
Mich aufzumuntern, wecke mein von Gram
Erstorbnes Herz zu seinen Pflichten auf!
Zu lange säumten wir
Dem theuern Schatten durch ein Todesopfer
Die Höllengötter günstiger zu machen.
Schon nähert sich die feierliche Stunde
Der Mitternacht. Parthenia, komm und theile
Die Sorge für das heil'ge Werk mit mir.

ENDE DES VIERTEN AUFZUGS.

FÜNFTER AUFZUG.

Der Schauplatz stellt einen Haustempel im Palast
Admets vor.

Ein Todtenopfer.

ERSTE SCENE.

ADMET, PARTHENIA.

Ein Kor von Hausgenossen des Admet, um
den Altar kniend.

ADMET.

Ihr heil'gen unnennbaren Mächte,
In deren grauenvolle Nächte
Kein sterblich Auge dringen kann!

PARTHENIA.

Du, Hekate! und Ihr,
Gewogne Eumeniden!
Euch flehen wir,
O seht zufrieden,
Seht gnädig unser Opfer an!

K O R.

Euch flehen wir, o seht zufrieden,
Seht gnädig unser Opfer an!

Sie stehen alle wieder auf.

A D M E T.

Zürnet nicht der frommen Zähre
Die auf ihre Urne fällt!
Ach! was ich mit Ihr entbehre,
Ersetzt mir nicht der Götter Sfäre,
Ersetzt mir nicht die ganze Welt!

P A R T H E N I A.

Ihr selbst im Olympus gefürchtete Mächte,
Die tief im Heiligthum geheimnifsvoller
Nächte
Des Tages Fackel nie erhellt!

A D M E T, P A R T H E N I A, zusammen.

O dafs diefs Opfer euch versöhne!
O zürnet nicht der frommen Thräne
Die auf Alcestens Urne fällt!

A L L E.

O dafs diefs Opfer euch versöhne!
Verzeiht, verzeiht der frommen Thräne
Die auf Alcestens Urne fällt!

Und du, wenn noch im Reich der Wonne, in
den Kreisen
Der schönen Seelen, wenn im stillen Schoofs
Des ew'gen Friedens ein Gedanke noch
An deine Hinterlafsnen dich erinnert,
Wenn unsre Thränen, unsre Sehnsucht, unser nie
Ermüdendes Gespräch von deiner Tugend
Und unserm Glück in dir
Dich noch erreichen kann,
Geliebter Schatten,
So hör' uns! — Fühle, fühle wie wir unaus-
sprechlich
Dich noch im Grabe lieben,
Und möchte diefs Gefühl
Selbst in Elysium deine Wonne mehren!

ZWEYTE SCENE.

———

HERKULES, DIE VORIGEN.

Der Kor entfernt sich.

PARTHENIA.

Wie? — Seh' ich, oder blendet mich der Schein
Der Opferflamme? Herkules schon wieder
Zurück? — Admet, sieh deinen Freund!
Und Freude blitzt aus seinen Augen!

ADMET.

— Freude?
Er sprach von Hülfe, da er ging!

HERKULES.

Und kommt zu halten was er dir versprach.

ADMET.

O Herkules, ich wähnte
Du seyst mein Freund —
Ist's möglich, kannst du meiner Schmerzen
spotten?

HERKULES.

Dein Unglück macht dich ungerecht, Admet.
Ich tadle nicht dafs du in seinem ganzen
Umfang
Es fühlst. Du trau'rst mit Recht. Alceste
Ist deiner Thränen werth. Sie ist die Zierde ihres
Geschlechts, verdient es dafs ihr Bild in Marmor
Den Enkeln heilig sey; verdient, so oft
der Tag,
An dem sie sich für ihren Gatten hingab,
Zurück kommt, dafs Thessaliens fromme Töchter
Der Heldin Grab mit Blumenkränzen schmücken.
Man soll den Frauen sie zum Beyspiel nennen!
Sey wie Alceste — soll der Segen seyn
Der künftig jede Braut zur Gattin weihe!
Wir sind ihr's schuldig! Mehr, Admet,
Verlangt ihr Schatten nicht.

A D M E T.

Du sprichst wie einer der das Glück
Nie kannte, das die Götter mir
Zu Neidern machte.   Du verlorest keine
Alceste —

H E R K U L E S.

Diesseits des Olymps, Admet,
Ist kein Verlust, den uns die Götter nicht
Ersetzen könnten.

A D M E T.

O Alcid, ermüde die Geduld
Von deinem Freunde nicht! — Der hat
Sie nie gekannt, dem ihr Verlust
Ersetzlich scheint!

H E R K U L E S.

Nicht ohne Grund spricht Herkules
So zuversichtlich.   Höre mehr, Admet!
Was dir unmöglich scheint, ist schon gefunden.
Ich bringe den Ersatz.   Die liebenswürdigste
Der Töchter Gräciens begleitet mich.

A D M E T,
mit mühsam zurück gehaltnem Zorne.

Diefs nennst du dein Versprechen halten?

P A R T H E N I A.

Erkläre mir dein Räthsel, Herkules.
Du sprichst von einer Schönen die dir folge?

Wie nennst du sie? Von wannen kommt sie
uns?
Was kann sie wollen?

HERKULES.

Euer Leid ergetzen,
Parthenia; diese traurigen Cypressen
In Rosen wandeln; diesen Tempel wieder
Den Liebesgöttern weihen. — Starre mich
Nicht so aus Augen an, Admet, worin Ver-
achtung
Und Wuth sich mit Erstaunen mischen!

ADMET.

Unfreundlicher, auf deines Vaters Nahmen
Zu stolzer Freund! Hör auf! ich will nicht
länger
Alcestens Ruhm
Und meine Liebe lästern hören!
Mich prüfen willst du? — Spare deine Mühe!
Mein Herz verschmäht sie!

HERKULES.

Du mifskennest mich!
Ich will dein Glück, und du,
Du stöfsests von dir. Hast du denn die
Schöne
Geschn, die mich begleitet? — Sieh sie erst!
Und traun! du wirst die Gabe mit Entzücken
Mir danken, die du itzt verschmähst.

A D M E T.

Nicht meine Treue — die ist ewig, ewig
Alcesten heilig! — Unsre Freundschaft setzest du
Auf eine Probe, — der sie unterliegt.
Ich geh' — und du — hast einen Freund ver-
lorcn!

Ihr sollt' ich untreu werden können?

Dir ungetreu, Alceste?. Dir?

Von fremder Flamme sollt' ich brennen?

O! wenn ich dessen fähig werde,

So öffne sich vor mir die Erde!

Der Eumeniden Fackel blitze

Mir ins Gesicht, und aus dem Sitze

Der Wonne fluch' Alceste mir!

Er geht ab.

D R I T T E   S C E N E.

P A R T H E N I A,   H E R K U L E S.

P A R T H E N I A.

Alkmenens Sohn, bey den Göttinnen!
Du gehst zu weit —
Was konnte dich bewegen, deinen Freund
So grausam, vor der Urne einer

Geliebten Gattin, an dem Tage selbst
Der sie geraubt,
In ihres Schattens heil'ger Gegenwart,
Durch einen Antrag, der sein Herz
Zerreifsen muſs, zu kränken?

HERKULES.

Zu kränken? Ferne sey es! Glücklich
Will ich ihn machen, ihn und dich, Parthenia.
Der nächste Augenblick soll für mich reden.

VIERTE SCENE.

——————

PARTHENIA allein.

Was kann er meinen? — Sollt' es möglich
seyn?
Welch ein Gedanke! — Nein! es ist unmög-
lich!
Von da, wo sie in diamantnen Mauern
Die Ewigkeit gefangen hält,
Ist keine Wiederkunft!

——————

FÜNFTE SCENE.

HERKULES, ALCESTE, PARTHENIA.

PARTHENIA, Alcesten erblickend.

Allmächt'ge Götter!
Was seh ich? — Ja, sie ist's! sie ist's! —
O theurer Schatten —

Sie geht mit ausgebreiteten Armen auf Alcesten zu, aber
schaudert wieder zurück, da sie ihr nahe kommt.

HERKULES.

Fürchte nichts!
Es ist kein Schatten, der aus deinen Armen
In Luft zerfliefst. Sie lebt. Es ist
Alceste selbst, die ich vom Ufer
Des Styx zurück gebracht.

ALCESTE.

O Schwester! schliefs' ich dich in meine Arme
wieder?
Aus welchem Traum erwach' ich!

PARTHENIA.

— O Entzücken!
O Wunder! — Darf ich meinen Sinnen
glauben
Du Göttersohn? — Ich seh' sie, halte sie

In meinem Arm, Ihr Busen schlägt an meinem
Busen,
Und doch besorg' ich dafs es Täuschung sey.

HERKULES.

Besorge nichts! Die Götter schenken sie
Dir wieder.

ALCESTE.

Lies in meinen Augen,
Wie glücklich mich dein Wiedersehen macht.
Gewifs sie sagen dir dafs ich Alceste bin!

PARTHENIA.

Ja, Schwester, ja, du bist's! — O welche Wonne!
Lafs mich eilen — Dein Admet
Kann nicht zu schnell erfahren
Wie viel er seinem Freund zu danken hat.

HERKULES.

Ruf' ihn zurück, Prinzessin, red' ihm freund-
lich zu,
Besänft'ge seinen Zorn; doch sage ihm
Nicht Alles. Lafs Alcesten
Und mir die Freude, ihn mit seinem Glücke
Da er's am mindsten hofft zu überraschen.

PARTHENIA.

Wenn nur Gesicht und Ton mich nicht verräth,
Dem Mund soll nichts entschlüpfen!

Sie geht ab.

SECHSTE SCENE.

HERKULES, ALCESTE.

HERKULES.

Hülle, Königin,
In deinen Schleier dich, und tritt
Bey Seite. Sein Entzücken, in der Fremden,
Die seinen Zorn mir zuzog, dich zu finden,
Sey die Belohnung dessen was ich heute
Für euch gewagt!

ALCESTE.

O Göttersohn! noch immer scheint mir Alles
Was mir begegnet ist ein Traum,
Ein wunderbarer Traum!
Ich frage mich erstaunt, ob ich es bin?
Die Erde, die ich wieder
Betrete, diese Wohnung, die ich kaum auf
        ewig
Verlassen, dieser Tempel — Alles ist
Mir fremd. Elysium schwebt
Mit allen seinen unnennbaren Freuden
Vor meinen Augen noch.
Wie selig war ich! — Ach! mit meinem
        Glücke
Verlor ich auch die Macht es auszusprechen.

Diefs weifs ich nur, diefs fühl' ich — o im
        Grunde
Der Seele fühl' ich es — es war kein
        Traum.
Noch athmet mir aus ewig blühenden Gefilden
Der Geist der Unvergänglichkeit entgegen.
Noch saugt mein Ohr
Die Wollust eurer Lieder, o ihr Söhne
Des Musengottes! —

HERKULES.

Still! — ich hör' Admetens Tritte —
Entferne dich!
    Alceste zieht sich in den Grund des Schauplatzes zurück.

SIEBENTE SCENE.

———

DIE VORIGEN, PARTHENIA, ADMET,
der ihr in einiger Entfernung mit düstern niedergeschlagenen
Blicken folgt. Am Schlufs der Scene finden sich auch alle
      Hausgenossen wieder ein.

HERKULES.

Admet, vergieb mir! Zürne nicht
Auf deinen Freund! Er fehlte blofs
Aus gutem Willen. Der Gedanke, wieder glück-
      lich dich
Zu machen, rifs mich hin. Vergieb mir,
      Freund!

A D M E T.

Vergieb dir selbst! Unzärtlich, Herkules,
War dein Betragen —

H E R K U L E S.

Hebe deine Augen,
Und sieh, was mich entschuldigt!

A D M E T.

O ihr Mächte des Olymps!
Was seh' ich! — Nein, ich sehe nichts! —
Mich täuscht
Ein Gott, der meiner spottet. Liebe, Sehnsucht,
höhnen
Mein gern betrognes Herz. Es ist ein Blend-
werk!

Alceste nähert sich ihm mit offnen Armen.

— Wie? Es nähert sich? — Bist du's,
Geliebter Schatten, der zum Troste mir
erscheint?

A L C E S T E.

O mein Admet!

Sie eilt auf ihn zu und umarmt ihn.

A D M E T.

O Götter, lafst ihn ewig, ewig dauern
Den süfsen Wahn! —

Er umarmt sie von neuem.

Ist's möglich, gute Götter! O ist's möglich?
Umfas' ich dich, Alceste, keinen Schatten?

ALCESTE.

Ich bin es selbst, Admet,
Die den Ersatz für ein verlorenes
Elysium in deinen Armen findet.

ADMET.

O einmahl noch und abermahl, Geliebte,
Umarme mich! — Ich kann nicht oft genug
Mich überzeugen, dafs ich glücklich bin.
Dich selbst, dich selbst, Alceste, neu belebt
Umfas' ich! — Götter, welch Entzücken!

ALCESTE.

Den allvermögenden Belohnern
Der Tugend, mein Admet, — und deinem
Freunde
Dank' es mit mir! Er wagte sich für uns,
Stieg unerschrocken in den furchtbarn Abgrund
Der ew'gen Nacht hinab, erkämpfte mich
Vom Thanatos.

ADMET.

O Sohn des Donnergottes! welch ein Dank
Kann meiner unbegrenzten Schuld
Mich gegen dich entbinden? — Sage,
Den Göttern gleicher Freund, wie konntest du
Lebendig in den unzugangbarn Sitz

Der Schatten dringen? — O erkläre mir
Ein Wunder, das mir noch, in diesem Augen-
blicke
Da ich's mit Augen seh', mit Händen fühl',
Unglaublich ist.

HERKULES.

Begehr' es nicht zu wissen!
Ein heil'ger Schleier, den die Götter selbst
Nicht wegzuziehen wagen, liegt
Auf den Geheimnissen des Geisterreichs.
Der Eumeniden Hand schliefst meinen Mund!
Genug für dich, dafs dir Alceste wieder
Gegeben ist. Geneufs der wundervollen Wohl-
that
Der Götter, Freund, und fefsle deinen Vor-
witz.

ADMET.

Allgüt'ge Mächte, seht mit Wohlgefallen
Die Freudenthränen an, die meinem Aug'
entströmen!
Was hat ein Sterblicher, um euch zu danken,
Als Freudenthränen? als sein Unvermögen
Die Gröfse seines Dankes auszudrücken?

ALCESTE.

Wie glücklich sind wir! Wie empfind' ich es
Für dich und mich! — Es ist kein Blendwerk,
mein Admet!

Ich leb', ich lebe wieder
Für dich, und fühl' erst itzt
Den ganzen Werth des Glücks für dich zu
                            leben!

Schon wandelt' ich
Im Kor der schönen Seelen,
Schon grüfste mich
    Aus tausend Wunderkehlen
Elysiums schönster Hain;

Ich fühlte Götterfrieden
    Tief in der Brust:
    Doch, konnte meine Lust
Vollkommen seyn?
    Geliebter, war ich nicht
Von dir geschieden?

Itzt findt Alceste sich in deinen Armen
                            wieder.
    Elysium war ein Traumgesicht!
O nun erst lebt sie wieder!
    Ist wieder dein!
Vermifst nicht mehr der Amfionen Lieder,
    Nicht ihren schönsten Hain!

ADMET.

Du hast Elysiums Glück empfunden!
  Sprich, ist es unsrer Wonne gleich?

ALCESTE.

Ich hab' Elysiums Glück empfunden!
Allein dem Augenblick, wo ich Dich
            wiederfunden,
  Ist keine andre Wonne gleich.

ADMET zu Herkules.

O Freund! wie kann ich dir vergelten?
  Was ist ein Königreich?
  Sind ganze Welten
Dem Werthe deiner Wohlthat gleich?

HERKULES.

Ich bin belohnt an euern Freuden
Mein mitempfindend Herz zu weiden;
Ich bin der glücklichste von euch!

PARTHENIA.

Ihr Götter, die uns zu beglücken
Diefs Wunderwerk gethan,
Nehmt unser dankendes Entzücken
  Zum Opfer an!

ADMET, ALCESTE.

Ihr Götter, die uns zu beglücken
Diefs Wunderwerk gethan,

ALLE.

Nehmt unser dankendes Entzücken
Zum Opfer an!

R O S E M U N D E

EIN SINGSPIEL IN DREY AUFZÜGEN.

Von dem

Kapellmeister Anton Schweitzer in Musik gesetzt

und im Jahre 1779 zu Mannheim aufgeführt.

PERSONEN.

KÖNIG HEINRICH II. von England.

KÖNIGIN ELINOR.

ROSEMUNDE.

BELMONT.

EMMA, LUCIA, Freundinnen der Rosemunde.

Ritter des Thurms.

Kor von Jungfrauen.

Kor von Rittern.

Kor von Schildknappen.

Der Schauplatz ist zu Woodstock-Park.

VORBERICHT

der ersten Ausgabe.

Heinrich Plantagenet, erster König von England aus dem Hause Anjou, — den uns die Geschichte als einen Prinzen beschreibt, der alle Vollkommenheiten des Leibes und Gemüths, die den liebenswürdigen Mann und den grofsen Fürsten machen, in sich vereinigte, — und seine Vermählung mit der vormahligen Gemahlin Ludewigs VII. von Frankreich, Eleanor oder Elinor, Erbin von Poitou und Guyenne, — und die Händel, die ihm der herrschsüchtige, unbändige Karakter dieser Frau zugezogen, — seine Liebe zu der schönen Rosemunde, und der unglückliche Ausgang, den sie durch die Eifersucht

der Königin Elinor genommen: alles diefs
ist theils aus der Geschichte, theils aus einer
schönen Alt - Englischen Ballade, wozu
sie den Stoff gegeben, so bekannt, dafs es
Überflufs wäre sich hier darüber auszubreiten.   Von der letztern wird die artige,
wiewohl ziemlich modernisierte Übersetzung
aus der Iris den Lesern vermuthlich noch
im Andenken seyn.   Auch findet sich in der
Bibliotheque Univers. des Romans (Octobre
1776, Tom. I. p. 14. f.) und im 56. Stück
des Berlin. Literarischen Wochen-
blatts 1777 eine umständliche historisch-
romantische Erzählung dieser durch Tradi-
zion und Poesie in die Wette verschönerten
Liebesgeschichte, auf welche wir die Liebhaber allenfalls verweisen.   Die alten Englischen Kronikschreiber scheinen (sagt der
Herausgeber der Relicks of Anc. English
Poetry) dem Mönch Higden gefolgt zu
seyn, aus welchem Stow diese Nachricht
giebt: „Rosemunde, die schöne Tochter
Walthers, Lords Klifford, und König Hein-

richs II. Beyschläferin, starb (wie einige
sagen, vergiftet von der Königin Elinor)
im Jahre 1177, zu Woodstock, wo König
Heinrich ein Haus von wunderbarer Bauart
für sie hatte bauen lassen. Es wurde, nach
einigen, Labyrinthus oder Dädalus-
Werk genannt, weil es wie ein Irrgarten
gebaut war, so dafs niemand, ohne vom
König unterrichtet zu seyn, zu Rosemunden kommen konnte. Gleichwohl ging die
Sage, die Königin habe vermittelst eines
Knäuels Zwirn oder Seide (den der König,
ohn' es gewahr zu werden, da er aus ihrem
Zimmer zu Rosemunden gegangen, nach-
geschleppt) den Weg zu ihr gefunden, und
sey so übel mit ihr umgegangen, dafs sie
nicht lange mehr gelebt habe." Rosemunde
wurde in einem Frauenkloster zu Godstow
begraben, bey dessen Sekularisierung man
ihre Gebeine noch in einem bleyernen Sarge
fand, und wie er geöffnet wurde, (sagt der
Englische Alterthumsforscher Leland) ging
ein gar lieblicher Geruch daraus hervor.

Von ihrem Labyrinth sollen noch ums Jahr
1718 Überbleibsel zu Woodstock gefunden
worden seyn.

Man hat in gegenwärtigem Singspiel den
Umstand, dafs Königin Elinor mit
Gift und Dolch zu Rosemunden
kommt — und den, dafs sie nicht
wirklich vergiftet wird, aus dem
Singspiel gleiches Nahmens entlehnt, welches der berühmte Addison im Jahre 1706
auf die Englische Schaubühne gebracht;
wiewohl von dem letztern Umstand hier
ein ganz andrer Gebrauch gemacht wird.
Überhaupt hat man sich mit einer Geschichte, die sich aus der Geburtszeit der alten
Ritterromane herschreibt und so nah an
die Fabel grenzt, alle Freyheiten erlaubt,
welche theils das Interesse des Stücks, als
musikalisches Drama betrachtet, theils
andre Rücksichten zu erfordern schienen.
Geschrieben im Jahre 1778.

ERSTER AUFZUG.

ERSTE SCENE.

Ein Saal im königlichen Palast. Aussicht in dessen Gärten,
die in der Ferne vom Thurme, der in den Labyrinth führt,
geschlossen wird. Sonnen-Untergang.

KÖNIGIN tritt auf.

Nein! — in dieser Unruh schweben
Will ich länger nicht!
Ich will das Ärgste wissen! will ihn kennen,
Den Feind, mit dem ich kämpfen soll.
Wie? bin ich Königin,
Und dieser Labyrinth soll ein Geheimnifs mir
Verschliefsen? — seine Eisenpforte soll
Sich nur dem König öffnen? —
O zu lange fühl' ich's, dafs er sich
Vor mir verbirgt — dafs Elinor nicht mehr
In seinem Herzen herrscht! —
Verräther! und du hoffst mich zu betrügen,
mich?
So kennst du mich? — Ha! zittre! zittre
Für dich und deine Mitverschworne! Denn,

Bey allem was im Himmel furchtbar ist
Und in der Hölle!
Kein Schlummer soll in meine Augen kommen,
Bis ich's ergründet habe, das unselige
Geheimnifs! —

ZWEYTE SCENE.

BELMONT zur KÖNIGIN.

BELMONT.

Königin, es ist entdeckt.

KÖNIGIN.

Entdeckt? — Ah! Belmont, meine Seele
Weissagt es mir! — Ich seh's,
Ein schändliches Geheimnifs schwebt
Auf deinen Lippen — Aber dennoch will
Ich alles wissen! Sprich, was ist entdeckt?

BELMONT.

Der Labyrinth ist einer Nymfe Sitz,
Die unter Zauberschatten da, wie eine zweyte
Armida, einen Hof von Liebesgöttern hält,
Und Rosemund' — ihr Nahme.

KÖNIGIN.

Nicht weiter! — Halte dich bereit
Auf jeden Wink!

Vergrabe was du weifst in deiner Brust,
Und zähl' auf meinen Dank!

Belmont geht ab.

DRITTE SCENE.

KÖNIGIN allein.

So lohnst du meiner Liebe? —
Alles hab' ich dir geopfert, alles,
Und so lohnst du mir?
Treuloser! — Mein Geschenk sind die Pro-
vinzen,
Woher du siegreich eilst — und, o!
Des schmählichen Gedankens! Heinrich eilt
Um zu den Füfsen einer Buhlerin
Die Lorbern hinzulegen,
Die Ich ihm brach! — und Elinor —
Sie sollt' es sehn? Sie sollt' es dulden?
Beym Himmel, nein!

Du sollst erfahren,
Verräther, wer ich bin!

Weg! kein Erbarmen!
Bey ihren Haaren,
Vor deinen Augen,
Aus deinen Armen

Reifs' ich die Buhlerin
Zur Rache hin!

Nein! kein Erbarmen!
Du sollst erfahren,
Verräther, wer ich bin!

Sie geht ab.

VIERTE SCENE.

Der Schauplatz verwandelt sich in einen prächtigen Garten
im Innern des Labyrinths. Neben einer mit Efeu und
Rosen umschlungnen Urne eine Rasenbank. Im Grunde die
Vorderseite eines prächtigen Pavillions. Tiefer hinter auf
der einen Seite ein Grottenwerk, auf der andern ein natürlicher Wasserfall. Es ist Nacht, mit Mondschein, bey
bewölktem Himmel.

ROSEMUNDE.

Wie öd ist alles um mich her! wie kalt!
Wie fremd und fern von meinem Herzen alles!
Und war so lieblich einst —
Mit dir, Geliebter,
Ist aller Reitz von diesen Zauberfluren
Verschwunden — ohne dich,
Was wär' Elysium selbst dem Herzen das dich
                        liebt?
Dich sucht es — ohne dich
Ist keine Ruh, kein Glück für deine Rosemund'!

Oft, am Rande stiller Fluten

Sitz' ich einsam da und zähle,

    Zähl' an ihrem trägen Lauf

Ach! die schleichenden Minuten

    Unsrer langen Trennung auf.

Dann geh' ich hin und wanke

    Durch Hain und Thal und Flur!

Mein einziger Gedanke

    Bist du, Geliebter, nur.

Bey jedem Lispeln

    Aus dunklem Laube,

Bey jedem Flügelschlag

    Der Turteltaube,

Wie lauscht mein sehnend Ohr,

    Wie klopft mein Herz!

Und wenn ich Tage lang

Gelauscht, gesucht — wie bang

    Ist dann mein Schmerz!

Sie lehnt sich an die Urne, und sinkt in stumme Traurigkeit.

Bald wieder auf der Liebe Fittigen zurück

Zu deiner Rosemunde zu eilen

Versprachst du mir!

Und schon zum zwölften Mahl
Sieht Luna mich,
Ach! ohne dich,
In diesem traur'gen Hain
Allein
Durch öde Lauben irren,
Ein liebender Schatten,
Der seinen Gatten
An Lethens Ufern sucht —
Ach Heinrich! was ist Ruhm?
Was ist der Nachwelt eitles ungenofsnes Loos?
Du kämpfst um Lorbern, und die Rosen welken,
Die dir die Lieb' erzog!

> Sie wirft sich neben der Urne auf die Rasenbank, und
> fällt in ihr voriges Staunen.

Die Musik sinkt aus der zärtlichsten Schwermuth stufenweise zu einschlummernder Ruhe herab. Plötzlich gebietet
sie wieder Aufmerksamkeit. Der Pavillion, die Grotte, und
ein Theil der Gärten stehen herrlich erleuchtet da, und der
Kor der Jungfrauen tritt auf. Rosemunde wird von dem
allen nichts gewahr, bis der Kor zu singen anfängt.

FÜNFTE SCENE.

Der KOR der Jungfrauen, von EMMA und LUCIA
geführt, nähert sich Rosemunden.

KOR.

Still' deine Klage,
Geliebte Holde!

Gieb deinen Sorgen
  Nicht länger Raum!

E M M A.

Getrost! dir spinnen
Die Glücksgöttinnen
Tage von Golde,
All' deine Plage
  Ist dann ein Traum.

K O R.

Still' deine Klage,
Geliebte Holde!
Gieb deinen Sorgen
  Nicht länger Raum!

R O S E M U N D E.

Ihr ruft zur Freude mich,
  Geliebte Schwestern?
Ach! alle Freude wich
  Mit Ihm von hier.

Seufz' ich in banger Nacht
  Hinauf zum Morgen —
Der Morgen kommt — wofür? —
  Er ist wie gestern!

Bringt meines Lebens Licht
Nicht näher mir!

KOR.

Still' deine Sorgen,
Geliebte Holde!
Tage von Golde
Entspinnen sich dir.

LUCIA.

Bald weicht die Nacht
Dem schönen Morgen
Der frey dich macht.

KOR.

O sel'ge Stunde
Des Wiedersehens!

LUCIA.

Er eilt, der Sieger —
Wie schön, wie warm! —
O Rosemunde,
In deinen Arm.

KOR.

O sel'ge Stunde!

EMMA.

Er kommt von Siegesarbeit heifs
An deinem Blick sich aufzufrischen:
Du wirst den Heldenschweifs
Ihm von der Stirne wischen,
Dem goldnen Helm sein lockig Haar
entbinden,
Und um sein Lorberreis
Der Liebe Rosen winden.

KOR.

Still' deinen Kummer,
Geliebte Holde!
'Entwach, entwache
Dem Zauberschlummer,
Dem bangen Traum!

ROSEMUNDE.

Ist's möglich? ist mein Glück so nah?

Ein Kor von Tänzerinnen, im Kostum von Nymfen,
erscheint.

EMMA und LUCIA.

Sieh, es nähern sich im Reihen
Dir die Nymfen dieser Haine,
Deinen Kummer zu zerstreuen,

Dich zur Freude einzuweihen;

Gieb der süfsen Ahnung Raum!

Tänze der Nymfen.

E M M A.

Gleich ihnen umtanzen

Die Stunden der Wonne

In frohem Getümmel

Die kommende Sonne:

Schon wallet am Himmel

Ihr glänzender Saum.

K O R.

In süfsem Getümmel

Umtanzen die Stunden

Der Liebe, der Wonne

Die kommende Sonne:

Entwache, Geliebte,

Dem ängstlichen Traum!

Die Nymfen beginnen einen neuen Reihentanz; mitten in
demselben fällt der Vorhang.

ENDE DES ERSTEN AUFZUGS.

ZWEYTER AUFZUG.

ERSTE SCENE.

Galerie im königlichen Palast mit einer andern Aussicht
in die Gärten.

KÖNIGIN, dann BELMONT.

KÖNIGIN.

Zwey Tage noch, so ist er wieder hier,
Und schmiegt sich wieder in die schnöden
Fesseln
Der Zaubrerin! — Sie triumfiert —
Und ich — kann wenn ich will in einen Win-
kel mich
Verbergen, meine Schmach und sein verlornes
Herz
Beweinend. — Nein, beym Himmel! Elinor
Hat andre Waffen, an
Verräthern sich zu rächen,
Als Weiberthränen!

BELMONT.

Diesen Augenblick, Gebieterin,
Bringt uns ein Bote keichend
Die Nachricht, dafs der König näher ist
Als wir geglaubt. Er eilt die ganze Nacht,
Um mit der Sonne Woodstock zu erreichen.

KÖNIGIN vor sich.

Wie ungeduldig! — Wohl! so ist es Zeit!

Zu Belmont.

Geh, Belmont, nach dem Thurm, und fordre
Den Rittersmann, der ihn bewacht,
In meinem Nahmen auf, die Pforte
Des Labyrinths zu öffnen.

BELMONT.

Er wird sich weigern.

KÖNIGIN.

Sag' ihm den Befehl
Von seiner Königin, und zaudert er,
So zwing' ihn!

Belmont geht ab.

———————

ZWEYTE SCENE.

KÖNIGIN allein.

Ha! die ganze Nacht durch! —
Mit der Sonne hier zu seyn —
Und diese Eile, diese Hitze nicht für mich,
Für seine Rosemund'! — In ihre Arme eilst
du —
Und Elinor ist nicht mehr — kann
Am Nahmen einer Königin
Sich g'nügen lassen! Und
Auch diesen leeren Nahmen,
Wie lange wird ihr noch erlaubt seyn ihn zu
tragen?

Verruchter Gedanke,

Nein, dich ertrag' ich nicht!

Nichts mehr zu schonen

Machst du zur Pflicht!

Sie staunt.

Habt Dank, ihr Rachgöttinnen!

Diefs soll mich befreyn!

Ich eile von hinnen —

O stärkt meine Sinnen,

Und weihet zur Rache,

Zur Rache mich ein!

ab.

———

DRITTE SCENE.

Der Schauplatz verwandelt sich in den Vorhof des Thurms,
der den Labyrinth verschliefst. Nacht mit Mondschein.

BELMONT
kommt und klopft an der eisernen Pforte.

Er soll mich hören,
Läg' er im Todesschlaf!

Er klopft stärker.

DER RITTER des Thurms von oben herab.

Wer klopft so spät an dieser Pforte?

BELMONT.

Herr Ritter, steigt herab und öffnet mir.

RITTER des Thurms.

Wer bist du?

BELMONT.

Belmont, von der Königin gesandt.
Ihr sollst du stracks die Eisenpforte öffnen,
Ist ihr Befehl.

RITTER des Thurms.

Ich öffne nicht.

BELMONT.

Wie? du verachtest das Gebot
Von deiner Königin?

RITTER des Thurms.

Ich öffne nicht.

BELMONT.

So komm herab, wenn du ein Ritter bist,
Und wehre mit dem Schwert in deiner Faust
Den Eingang mir!

Die Pforte öffnet sich, und der Ritter des Thurms
kommt heraus.

RITTER des Thurms.

Weg von der Pforte,

Verwegner, oder bezahl

Den Frevel mit deinem Blut.

BELMONT.

Was sollen Worte?

Sie öffnen soll mir mein Stahl

Trotz deiner Wuth!

RITTER des Thurms.

Weg von der Pforte!

BELMONT.

Was sollen Worte?

BEIDE.

Sie schützen ⎱
⎰ soll mein Stahl
Sie öffnen ⎰

Trotz deiner Wuth!

Die Ritter fechten.

VIERTE SCENE.

Die KÖNIGIN zu den VORIGEN. Edelknaben mit
Fackeln vor ihr her; etliche Schildknappen folgen ihr.

KÖNIGIN, auf den Ritter des Thurms
zugehend.

Verräther, du erfrechst dich, meinem Willen
Zu widerstehn?

RITTER des Thurms, sich vor die Pforte stellend.

Des Königs Auftrag — meine Pflicht —

KÖNIGIN.

Weg! hier ist keine Pforte
Die mir sich schliefsen darf —

Zu den Schildknappen.

Bemächtigt euch
Des Frevelhaften!

Sie geht hinein.

BELMONT zum Ritter des Thurms.

Ergieb dich — folg' uns!

RITTER des Thurms.

Unsel'ge Nacht! — Verräther, so betrogst du
mich
Aus meiner Pflicht? Ich bin verloren. Aber euch
Wird bald die Rache treffen — Zittert alle vor
Des Königs Zorn! — Mit mir macht was ihr
wollt.

Er giebt sein Schwert von sich und geht mit ihnen ab.

FÜNFTE SCENE.

Das Innere des Labyrinths. Alles zeigt sich wieder wie
es zu Ende des ersten Aufzugs war. ROSEMUNDE
unter einer Laube sitzend, das Gesicht halb in Emma's
Arm verborgen; Lucia neben ihr; die JUNGFRAUEN
und Nymfen in verschiednen Gruppen verstreut. Eine
der Nymfen ist in einem Solotanz begriffen; auf einmahl
erscheint die KÖNIGIN, ohne bemerkt zu werden.
Belmont folgt ihr, und verliert sich sogleich wieder
im Gebüsch.

Die KÖNIGIN
stutzt über den Anblick und bleibt stehen.
Vor sich.

Wie? was bedeutet dieses Fest?
Ha! sollt' er heimlich schon gekommen seyn?

Ein Reihentanz der Nymfen und Jungfrauen beginnt. Die
Königin geht einige Schritte vorwärts, und wird erblickt.
Ein allgemeines Schrecken verbreitet sich. Die Nymfen
bleiben mitten im Tanz in Stellungen des Schreckens wie
versteinert schweben.

KOR DER JUNGFRAUEN.

O Himmel! wer nähert sich da?

ROSEMUNDE, von ihrem Sitz auffahrend.

Gott! ich bin verloren!

Alle fliehen in Verwirrung, bis auf Emma und Lucia,
die bey Rosemunden stehen bleiben.

KÖNIGIN, auf sie zugehend.

Was fürchtest du?

ROSEMUNDE.

Erhabne Frau,
Wenn eine Sterbliche du bist,
Wer bist du? und wie fandest du
Den Weg hierher?

KÖNIGIN.

Sag' erst wer Du bist und wie Du hierher
kommst.

ROSEMUNDE.

Dein Blick verwirrt mich, schreckt mich —

KÖNIGIN.

Kenntest du mich erst!

ROSEMUNDE.

Weh mir! Mir ahnet was!

KÖNIGIN.

Dir ahnet wahr! Ich bin's!

Rosemunde fällt ihr zu Füſsen.

Dein Nahm' ist Rosemunde?

ROSEMUNDE *vor sich.*

O Gott! — Was kann ich sagen? —

Zur Königin.

Ach!

Wenn nichts für mich in deinem Herzen
spricht —
O läg' ich tief in meinem Grab!

KÖNIGIN.

Elende! weg aus meinen Augen, weg!

Zu Emma und Lucia.

Führt sie in ihr Gemach!
Mit eurem Leben steht ihr mir für sie.

Rosemunde richtet sich auf, wirft einen edlen Blick auf die Königin, und geht mit Emma und Lucia ab.

SECHSTE SCENE.

KÖNIGIN allein.

Beynah entwaffnete ihr Anblick meinen Grimm.
Die Unglücksel'ge! wie sie zitterte! —
Weh dir, Verführer! — Ganz gewiß, sie lebte
In Unschuld eh' sie Dich
Erblickte! eh' dein Liebe lügend Aug'
Und deine Schlangenzunge sie bethörte!
Aber nichts soll ihr
Die Unschuld helfen, die sie nicht
Bewahren konnte! Fallen soll sie, deines
Verbrechens Opfer! — So bestraf' ich dich,
Treuloser, in der Thörin, die der Liebesrausch
Sich selbst vergessen macht! —
Mit welchem Blick sie von mir ging!
Als dächte sie, noch immer bald genug
Mich im Triumf zu führen,
Die Unverschämte! — Belmont! — Belmont!

———

SIEBENTE SCENE.

KÖNIGIN, BELMONT herbey eilend.

BELMONT.

Hier, Gebieterin!

KÖNIGIN giebt ihm einen Schlüssel.

Nimm diesen Schlüssel, eil' in mein Gemach,
Da steht ein goldener Pokal,
Den bringe mir hierher!
Trag' ihn behutsam! — Er enthält —
Was — bald mir Ruhe schaffen soll.

BELMONT erschrocken.

Gebieterin! —

KÖNIGIN.

Gehorch!

BELMONT.

Bedenke, Königin, die Folgen einer
Zu raschen That! Sie wird zu grenzenloser
                    Wuth
Den König treiben — und er ist so nah!

KÖNIGIN.

So minder darf ich Zeit verlieren!

BELMONT.

Bey deinem Leben, grofse Königin,
Beschwör' ich dich! — Verzeih'!
Nur Treue gegen dich zwingt mich zum Unge-
                    horsam.

KÖNIGIN.

Feigherziger! du hast sie mir verrathen,
Und nun — nun bist du muthlos, meiner
                    Rache
Die Hand zu bieten?

BELMONT.

Gehorchend that ich meine Pflicht;
Itzt thu' ich sie mit Nichtgehorchen.

KÖNIGIN.

Den Schlüssel mir zurück!

BELMONT.

Du rennst in dein Verderben!

KÖNIGIN, heftig.

Ich will gerochen seyn! —
Den Schlüssel!

BELMONT, nach einigem Zögern.

Königin, du willst's — so mufs ich denn!
                    Er geht ab.

———.

ACHTE SCENE.

KÖNIGIN allein.

Der Schlange Kopf, die mich gestochen,
Ist unter meinem Fuſs, und nicht
Zertreten sollt' ich ihn?
Wen soll ich scheuen? — Furcht
Geziemt dem Schuldbewuſsten,
Nicht dem Beleidigten, der Recht sich schafft!

Sie zieht einen Dolch aus ihrem Busen.

Wie süſs wird dir die Rache seyn,
    Stolze, gekränkte Seele!
Sie wähle nun, zu schärfrer Pein,
    Gift, oder diesen Stahl!
Sie, die zu ihren Füſsen liegen
    Dich sah, verräth'rischer Gemahl,
Jetzt soll sie sich zu meinen schmiegen,
Und jedes strafbare Vergnügen
    Büſs' eine Todesqual!

ab.

———

NEUNTE SCENE.

Ein Zimmer im Pavillion. ROSEMUNDE auf einem
Ruhebette, in grofser Niedergeschlagenheit. EMMA
neben ihr.

EMMA.

Sey ruhig, holde Liebe!
In wenig Stunden sind wir wieder frey.
Der König naht —

ROSEMUNDE.

O Emma, welch ein Wechsel!
O lafs mich weinen, weinen bis
Die Augen mir erlöschen!
Ich fühl's — tief fühl' ich's hier,
Es ist geschehn um Rosemund'! —
Gott! von wie vielen dunkeln traur'gen Tagen
Und thränenvollen Nächten ist
Der traurigste,
Die thränenvollste — diefs!
Vielleicht die letzte!

EMMA.

Bald ist sie vorüber
Die Wolke, die dich schreckt, und alles,
Rosemund',
Ist wieder hell um dich und wonnevoll —

Er eilt in deinen Arm, dein Schützer und
Dein Rächer! —
Gewiſs er wird nicht ungerochen lassen
Was dir begegnet ist.

ROSEMUNDE, aufstehend.

O nichts von Rache! Alle Schuld ist mein!
Ach, daſs der Zauberschleier eher nicht
Von meinen Augen fiel!
Ach, daſs er jemahls mich umnebelte!
O Emma! fühlen müssen:

„All diese Liebe, dieſs beym ersten Blick
So ganz gewonnene, so ganz
Dahin gegebne Herz,
Dieſs stete Sehnen nur nach Ihm,
O dieſs für Ihn nur leben,
Für Ihn nur athmen, was noch kaum der Stolz
Von meinem Herzen war —
Ach, Emma, Emma, soll dieſs Herz
Nicht bersten, da ich fühl' —
Es ist Verbrechen! — Er, den ich allein
gcliebt,
Allein aus allem in der Schöpfung,
Kann mir niemahls, niemahls angehören!
Nie darf ich wieder nur
Die Augen auf zu ihm erheben! —"

Emma, fühlest du
Den ganzen Umfang meines Elends?

Sie sinkt wieder auf das Ruhebette.

EMMA, mit höchster Zärtlichkeit.

Liebste Rosemund'!
Laſs ab! Entflieh den ängstlichen Gedanken!
Flieh aus dir selbst! Komm, lege deine Stirn
An meine Brust, und ruhe!

Sie setzt sich neben Rosemunden.

Wie ein Kind, in Mutterarmen
Eingewieget, schlummre, schlummre
    Ein an deiner Freundin Brust!
Unsers Kummers sich erbarmen
Wird der Himmel! lohnt uns Armen
    Jede Angst mit süſsrer Lust!
Wie ein Kind, in Mutterarmen
Eingewieget, schlummre, schlummre
    Ein an deiner Freundin Brust!

Man hört ein Geräusch.

ROSEMUNDE, auffahrend.

Weh mir! was hör' ich —

EMMA.

Fürchte nichts!
Es ist nur Lucia — vielleicht dein Heinrich
                    selbst;
Ich will —

Sie geht auf die Thüre zu.

ROSEMUNDE, sie beym Arme haltend.

O gute Emma —
Verlaſs mich nicht!

Die Thüre öffnet sich, zwey Schildknappen bemächtigen
sich der Emma, und schleppen sie hinweg. Man hört
hinter der Scene:

E M M A.

Laſst mich! Ich will, ich muſs zu ihr.

KÖNIGIN, hinter der Scene.

Bringt sie in Sicherheit!

E M M A.

O Hülfe! Hülfe!

Rosemunde eilt bestürzt der Thüre zu.

ZEHNTE SCENE.

Die KÖNIGIN tritt herein, in der rechten Hand einen
Dolch, in der linken den Giftbecher haltend.

ROSEMUNDE, zurück fahrend.

O Hülfe! Emma! Hülfe! rettet mich!

KÖNIGIN.

Verworfene! du rufst umsonst nach Hülfe!
Erkenne mich — und zittre!

ROSEMUNDE, angstvoll.

O Gnade, Gnade, groſse Königin!

KÖNIGIN vor sich.

Sie rührt mich wider Willen — Stark mein
                          Herz!
In wenig Stunden wär' ich so in ihrer
Gewalt, wie sie in meiner jetzt —

Zu Rosemunden.

Mich zu erweichen hoffe nicht!
Du bist zur Strafe reif!

ROSEMUNDE.

Laſs meine Jugend — ach! ich wag' es nicht
Zu sagen, meine Unschuld — dich erbarmen!
Und doch — du, Himmel, weiſst's!

KÖNIGIN.

Der mag sich dein erbarmen,
Verbrecherin! — Ich bringe dir — den Tod.
Hier! wähle! hier ist Gift, und hier ein
                          Dolch!

ROSEMUNDE.

Entsetzlich! — Königin, ich bin in deiner
                          Macht —
Sey groſs und königlich — Verzeih der Armen
In Staub gedrückten! Sag', was kann ich thun
Dich zu versöhnen?

KÖNIGIN.

Stirb!

ROSEMUNDE.

Verstatte mir, in heil'ge Mauern mich
Vor allen Menschen zu verbergen! Schenke
mir
Die kurze Frist! Mein Gram
Wird diesem armen Leben bald genug
Ein Ende machen.

KÖNIGIN.

Thörin, weg
Mit deinen Künsten! Denkest du
Auch mich damit zu fangen?
Hier — nimm und stirb!

ROSEMUNDE, weinend.

Laſs diese Zeichen
    Der herzlichen Reu',
O laſs sie dich erweichen!
Verzeih der Sünderin,
    Verzeih, verzeih.

KÖNIGIN.

Vergebens krümmst du dich
Mich zu erweichen;
    Falle, Verbrecherin,
Ein Opfer beleidigter Treu'!

ROSEMUNDE, ihre Knie umfassend.

Sieh, mit gerungnen Armen
    Fleht Rosemunde!
Auch deine Stunde
    Wird kommen, Königin!
Auch Du wirst um Erbarmen
    Zum Himmel flehn, wie ich
Dir flehe — Königin,
    Erbarme dich!
Lafs dich erweichen!

KÖNIGIN.

Du flehst vergebens!

ROSEMUNDE.

Erbarme dich, verzeih!

KÖNIGIN.

Falle, Verbrecherin,
Ein Opfer beleidigter Treu'!

ROSEMUNDE

steht auf und greift nach dem Becher.

So gieb, Tyrannin, und der Richter dort
Verzeih' dir meinen Tod!

Sie trinkt den Becher aus. Die Königin wendet sich
plötzlich weg, wirft sich in einen Lehnstuhl neben einem
Tisch, und verbirgt ihr Gesicht.

ROSEMUNDE.

So ist's geschehn! — Ich sterb' —
Und sterbend, göttliche Gerechtigkeit,
Bet' ich dich an! — Vor dir
Ist Rosemund' nicht schuldlos! — Nimm,
Die Schwachheit eines zärtlichen,
Nichts böses ahnenden, in seiner ersten Liebe
Verirrten Herzens abzubüfsen,
Mein Leben an! —

Zu Elinor.

Doch, wisse, du,
Durch deren Hand das Schicksal mich bestraft,
Mein Herz betrog mich, aber rein
Und unbefleckt war meine Liebe,
Und grofs, ach! allzu grofs — ihr Gegen-
stand!
Sein allzu blendendes Verdienst
Wird Mitleid mir bey allen guten Herzen
Erwerben! — Und auch dieses wisse, Grau-
same,
Er ehrte meine Unschuld — liebte mehr
Als sein Vergnügen mich —
Wohl mir! ich fall' ein reines Opfer! —
und
(O gönne mir, du, der für Ihn zu leben
Mir nicht erlaubt, o Himmel, gönne mir
Den süfsen Trost!) — ich sterb' um Seinet-
willen!

Sie ermattet, und wankt dem Ruhebette zu.

KÖNIGIN vor sich.

Ich war zu rasch.

ROSEMUNDE.

Wie wird mir! — Welches Schaudern! —
Welch ein Flor
Um meine Augen! —
Wie schwer! wie kalt! —

Sie sinkt auf das Ruhebette.

Nur deine Liebe — fühl' ich —
Noch warm — in diesem — eisumfangnen
Herzen! — Emma!
Bring' ihm — diefs letzte, letzte —

Sie sinkt mit dem Kopf aufs Küssen, und schliefst die
Augen. Die Königin steht nach einer Weile auf, nähert
sich ihr, ergreift eine ihrer herab gesunknen Hände, und
lafst sie plötzlich wieder fallen.

EILFTE SCENE.

BELMONT, hastig herein tretend,
zur KÖNIGIN.

Gebieterin,
Man hört von ferne schon den Jubelschrey
Der königlichen Schaar — Kein Augenblick
Ist zu verlieren — Fliehe, rette dich!

KÖNIGIN.

Sind meine Ritter alle schon versammelt?

BELMONT.

Ja! Doch, was vermag der kleine Haufe?

KÖNIGIN.

Fürchte nichts!
Bald soll er furchtbar werden! —
Jetzt eile, schaffe diesen Rest
Der Unglückseligen hinweg,
Dann folge mir!

Sie geht ab.

ZWÖLFTE SCENE.

BELMONT allein.

Ein wilder Sturm zieht gegen uns daher —
Was wird der Ausgang seyn?
Jetzt, Schicksal, gieb mir Muth
Und festen Blick auf deinen Wink!

In nächtlichen Wettern,

Wenn rasende Stürme

Den Wald entblättern,

Die Pole krachen,

Und uns bey jedem Blitz

Der Hölle sich öffnender Rachen

Den qualvollen Sitz

Verdammter Seelen entdeckt:

Wohl dem alsdann, den — ungeschreckt

Wo Frevler tief erzittern müssen· —

Sein schirmendes Gewissen

Mit Engelsflügeln deckt!

ENDE DES ZWEYTEN AUFZUGS.

DRITTER AUFZUG.

ERSTE SCENE.

Ein offner Platz vor dem Palast, der mit den Garten zusammen hängt. Sonnenaufgang. Ein Feldmarsch von ferne.

KOR der SCHILDKNAPPEN, dann KÖNIG HEINRICH vom KOR der RITTER begleitet.

KOR der Ritter.

Triumf dem Sieger
Vom Gallischen Strand!

KOR der Schildknappen.

Willkommen, Vater,
Dem Vaterland!

KÖNIG HEINRICH.

Willkommen hier,
Ihr edeln Schaaren!
Ihr theiltet Arbeit und Gefahren,
Theilt Lust und Ruhe nun mit mir.

BEIDE KÖRE.

Triumf dem Sieger

Vom Gallischen Strand!

Willkommen, Vater,

Dem Vaterland!

KÖNIG HEINRICH.

Dank, Freunde, Dank euch allen! Eure Treu'
Ist tief in Heinrichs Herz gegraben — Itzt
Entfernet euch, und gebt den müden Sinnen
Die wohl verdiente Ruh!

Beide Köre gehen ab.

ZWEYTE SCENE.

KÖNIG HEINRICH allein.

So athm' ich wieder dich,

Du süfse Luft,

Die mir

Von Ihr, von Ihr

Entgegen weht!

Bin ich so nahe Dir?

Kaum kann ich's glauben!

Ihr holden Lauben,

In deren Morgenduft

Sie geht,

Empfanget mich!

Wie gierig athm' ich dich,

Du süfse Luft,

Die mir

Vcn Ihr, von Ihr

Entgegen weht!

Er eilt dem Garten zu.

DRITTE SCENE.

Ein Blumengarten im Labyrinth, mit Rosenbüschen,
und Vasen mit Schasminen, Myrten, Orangen u. s. w.
geziert.

EMMA und LUCIA, mit dem KOR der
JUNGFRAUEN, kommen hervor.

KOR.

Schwarze Stunde,

Herber Fall!

Klaget, klaget

Der schönsten Blume Fall.

E M M A.

Kommt, Schwestern, an die traur'ge Pflicht!

Kommt, lafst uns Blüthen pflücken!

Schont, ihren Sarg zu schmücken,

Des Frühlings schönste Kinder nicht!

Sie vertheilen sich und pflücken Blüthen und Blumen. Nach einer Weile finden sie sich unvermerkt wieder beysammen, sehen einander traurig an, und brechen in die erste Klage aus.

K O R.

Schwarze Stunde!

Herber Fall!

E M M A.

Sie sind erstorben

Auf ihrem Munde,

Die Rosen all':

O klaget, klaget —

K O R.

Klaget, klaget

Der schönsten Blume Fall.

Bey den letzten Worten erscheint der König.

––––––––––

VIERTE SCENE.

KÖNIG HEINRICH, DIE VORIGEN.

KÖNIG HEINRICH, im Hervorgehen.

Die Pforte offen! — Klagetöne
Von innen her! — Mir schaudert —

Er erblickt den Kor.

Himmel! was
Erblick' ich! Töchter, wo ist Rosemund'?

EMMA, angstvoll.

Ach Herr! — Sie ist —

KÖNIG HEINRICH.

Was ist sie? Rede!

EMMA.

Gott! wie kann ich's sagen?

KÖNIG HEINRICH, hastig.

Wie? Sie ist —

Er fährt vor seinem eignen Gedanken zurück.

EMMA.

Das schreckliche Geheimnifs
Erstarrt in meinem Mund —

KÖNIG HEINRICH.

Sag' alles! Das Entsetzlichste ist schon gesagt!

EMMA.

Die Königin, mit Gift und Dolch in Händen,
drang
Zu uns herein, und — ohne Leben fanden wir
Das Opfer ihrer Wuth.

KÖNIG HEINRICH, mit Wehmuth.

Unglückliche! Euch war sie anvertraut —
Ihr liebtet sie — und liefst sie tödten?

EMMA.

Wollte Gott
Ich hätt' Ihr Leben mit dem meinigen
Erkaufen können! —
Gerissen wurd' ich mit Gewalt
Von ihrer Seite —

KÖNIG HEINRICH.

Eilet! ruft die Ritter alle, die mit mir
Gekommen, lafst die Burg umringen,
Dafs nichts entrinne! Eilt im Flug!

Der Kor geht ab.

FÜNFTE SCENE.

KÖNIG HEINRICH allein.

Ermordet? — todt? — Ah tausend Dolche
sind
In dir, unseliger Gedank'!
Und tausend Furienfackeln,
Alles anzuzünden, alles zu zerstören
Was Leben hat — O Rache! Rache!
Was säum' ich?

Er will abgehen.

SECHSTE SCENE.

BELMONT, sich dem Könige zu Füſsen werfend.

Herr! erheitre dich — Sie lebt!

KÖNIG HEINRICH.

Sie lebt? und ihre Schwestern, all' in Thränen,
Beweinen ihren Tod?

BELMONT.

Bey deinem eignen Leben, Herr,
Sie ist gerettet!

KÖNIG HEINRICH.

Zittre, wenn du mich betrügst!

BELMONT.

Die Königin ist die Betrogne — Rosemunden
Zu retten, wechselt' ich
Das ihr bestimmte Gift mit einem Trank,
Der, schnell betäubend, wie in Todesschlaf
Die Sinne senkt — doch schadlos, durch ein
Gegengift
Von gleich behender Kraft —

KÖNIG HEINRICH.

Sie lebt? — O Belmont, rede wahr
Und nimm die Hälfte meines Reichs!

BELMONT.

In diesem Augenblick vielleicht
Erwacht sie wieder —

KÖNIG HEINRICH.

Vielleicht? — Du zweifelst noch?
Elender! Hüte dich vor meinem Grimm!

BELMONT.

Ich bin der Kraft des Gegengifts gewiſs.

KÖNIG HEINRICH.

So führe eilends mich zu ihr.

Sie eilen ab.

———

———

S I E B E N T E   S C E N E.

Rosemundens Zimmer. Sie liegt auf einem Ruhebette.
Die Musik bereitet eine Zeit lang zu dem was folget.
Während solcher macht R O S E M U N D E einige Bewegungen, als eine Person, die allmählich aus einem tiefen Schlaf
erwacht.

R O S E M U N D E.

Wo bin ich? —
Wie glänzend alles um mich her!
Wie wohl ist mir! — Erwacht
Ins befsre Leben! — Aber — welch ein Nebel
                                        fällt
Von meinen Augen?
Ich bin ja — wo ich war! Find' alles wieder,
Erkenne alles —

Sie fühlt sich selbst an.

Wunder! Wunder!
Ich lebe noch! — So war es nur
Ein schwerer Traum? — Ich sah die Königin,
Wuth in den Augen — Gift und Dolch
In ihren Händen, drang sie auf mich zu —
Ich fleht' ihr angstvoll — unerbittlich blieb
Die Schreckliche — Ich nahm den Todeskelch
Und trank, und starb — und l e b e   n o c h?
Und finde hier mich wieder —

O Emma, Lucia, wo seyd ihr?
Hat alles mich verlassen? War es nur
Ein grausam Spiel
Das meine Feindin mit mir trieb? Erwartet
Mich ärgers noch?
Ach, Heinrich! eile deiner Rosemunde
Zu Hülf'! — Ein Augenblick zu spät
Kann uns auf ewig trennen!

ACHTE SCENE.

KÖNIG HEINRICH, und BELMONT
zu ROSEMUNDEN.

KÖNIG HEINRICH,
mit offnen Armen auf sie zueilend.

Nein, holde Rosemund',
Uns trennen soll kein Schicksal mehr!

ROSEMUNDE, in frohem Schrecken.

O Himmel! Du? Mein König, Du? —
Du noch in meinem Arm?
O Wonnetod! Nun laſs mich sterben!

KÖNIG HEINRICH.

Theure Rosemunde,
Du lebst! ein Wunder hat dich mir erhalten.
Noch schaudern alle
Gebeine mir! So nah dem Elend ohne Grenzen

Dich todt zu finden! — Sieh den Mann,
Dem ich dein Leben schuldig bin!

BELMONT.

Wer hätte nicht
Sein eignes dran gewagt, um solch ein Leben
Zu retten?

KÖNIG HEINRICH.

Ah! wo war mein Sinn?
Ich konnte dich verlassen? fern von mir
Dich sicher glauben? — Dachte nicht,
Dafs eine Schlang' ich hinter mir
Zurück liefs, deren Athem dich vergiften
        würde?

ROSEMUNDE.

O dieser Augenblick
Vergütet alles! — Aber, lafs, Geliebter,
Lafs zu mir selbst mich kommen!
Der Freuden Überschwang erdrückt mein
        Herz.
Der Wechsel ist zu schnell, zu unverhofft,
Zu grofs mein Glück als — dafs es dauern
        könnte.

KÖNIG HEINRICH.

Sey ohne Furcht! Ist Heinrich nicht bey
        dir?

Vorüber ist der Sturm,

Der Donner schweigt,

Des Himmels Auge zeigt

Sich allerheiternd wieder,

Und sanfte Stille läfst sich nieder

   Auf Wald und Flur:

   O zage nicht,

Du holde Rose!

Entfalte prangend dich

   Im Sonnenlicht;

Sey deines Heinrichs Wonne wieder,

   Und blüh' die Zierde der Natur!

       Er geht ab.

NEUNTE SCENE.

ROSEMUNDE, BELMONT.

ROSEMUNDE.

Noch immer ist's

Ein Wunder meinen Augen dafs ich athme.

Ich, die vor wenig Stunden

Aus einer Furie Hand den Todeskelch empfing,

Und seine ganze Bitterkeit

Hinunter schlang, — ich leb', und deine
                    Wohlthat ist's,
Du Edler?

BELMONT.

Nenn, o Schönste, nicht mit diesem Nahmen,
Was ein Barbar, ein Wilder selbst, so bald
Er Dich erblickt, zu thun nicht unterlassen
                    könnte!

ROSEMUNDE.

Wie kann ich dir vergelten? — Ach! noch
                    schlägt mein Herz
Zu furchtsam, um den Werth der Wohlthat
                    ganz zu fühlen,
Die ich dir danke!

ZEHNTE SCENE.

————

EMMA, in Eile, zu den VORIGEN.

Sie stürzt sich in Rosemundens Arme — reifst sich aber
schnell wieder los und spricht:

EMMA.

O fliehe, Rosemund'! die Königin ist nah.
Sie drang sich durch die Ritter, die die Burg
                    erfüllen,
Und stürmt hierher. —

ROSEMUNDE.

Weh mir! Wo flieh' ich hin?

BELMONT.

Besorge nichts! Des Königs Gegenwart
Hat ihren Grimm entwaffnet.

ROSEMUNDE.

Sie kommt —

Zu Belmont.

O halte sie zurück!

Indem die Königin herein tritt, flieht Rosemunde in ein
Kabinet, das an ihr Zimmer stöfst. Emma folgt ihr.

EILFTE SCENE.

Die KÖNIGIN, BELMONT.

KÖNIGIN.

Was seh' ich?

Zu Belmont.

Ha! Verräther! So betrogst du mich?

BELMONT.

Zu deinem Besten, Königin, wofern du selbst
Nicht deine Feindin bist.

KÖNIGIN.

Du drohest noch?

———

ZWÖLFTE SCENE.

Der KÖNIG, die VORIGEN.

KÖNIG HEINRICH.

Verwegne! Wie? du wagst dich einzudrin-
                            gen, wo
Die stummen Wände selbst dir deine That
Laut in die Seele donnern?
Entferne dich!

Zu Belmont.

Geh, wache für des Engels Sicherheit!

Belmont geht ab.

KÖNIGIN.

Ein Wort nur, Heinrich! — Nicht was ich
                            gethan
Entschuldigen — nicht Rechte geltend machen,
Die einst, in bessern Zeiten, mir die Liebe gab!
Ich weifs — verloren ist für mich dein Herz,
Und ich — verschmäh' es, dir, wie eine
                            arme
Verlafsne, Klagen vorzuwinseln.

KÖNIG HEINRICH.

Wie? du kommst mir gar ins Angesicht zu
                            trotzen?

KÖNIGIN.

Laſs mich vollenden, und dann wähle, nach
Gefallen,
Schmach oder Ruhm!
Ich weiſs — verloren ist dein Herz für mich;
Es sey! Vergessen sey's, daſs mich gewonnen
Zu haben einst dein Stolz war, daſs ich dich
Allein aus allen Königen der Welt
Einst meiner würdig hielt! Es ist vorbey!
Nur daſs ich allem Theil an deiner Ehre
So schnell entsage, das erwarte nicht!
Ist dieſs ein Rest von Liebe, so verzeih' ihn mir,
Und o um deinetwillen nur
Bedenke was du bist, und was du warst!
Was deines Lebens Frühling einst
Der Welt versprach, und was
In seiner üppigsten Verschwendung
Das Glück für dich gethan!
Zu welcher Glorie du den edeln Nahmen
Plantagenet erhöhen konntest! — Heinrich,
Bedenk' es, und — erröthe vor dir selbst!

KÖNIG HEINRICH.

Und du — besudelt mit der frischen Schande
Des Meuchelmords — erfrechest dich
Der Ehre heil'gen Nahmen auszusprechen?
Du wirfst zum Vormund dich
Für meine Ehre auf? —
Verlaſs mich! Herrsche wo du Recht
Zu herrschen hast — Nimm sie zurück

Die Länder Galliens, dein Erbgut — Geh,
Und, wenn du kannst, verbirg
Im Glanz des Throns die Schwärze deiner Seele.

KÖNIGIN.

Und solch ein Opfer deiner niedrigen
Sinnlosen Leidenschaft zu bringen, wärst du
fähig?

KÖNIG HEINRICH.

Viel besser, als noch länger meines Lebens Ruh
Und Glück den Deinigen zu opfern!

KÖNIGIN.

Bethörter, du verdienst nicht, daſs ein Herz,
Wie meines, sich um deinetwillen kränke!
Ha! Nur zu wanken zwischen Elinor
Und — einer, deren Nahmen nur
Zu nennen meinen Mund befleckte!

KÖNIG HEINRICH.

Mörderin!
Aus meinen Augen! Du entehrst
Die Krone, die du trägst — Sie würde
Den Thron der Erde zieren!

KÖNIGIN.

Ha! ist's dahin gekommen? — Wohl! So eile
nur.
Was hält dich? Habe sie! Ergetze Welt
Und Nachwelt mit dem Schauspiel deiner
Thorheit!

Unwürdiger, du sollst sie haben!
  Sie triumfier'!
Folg' ihrem Wagen in Fesseln nach,
  Du sollst sie haben,
Und meine Seele soll
  Sich laben
    An deiner Schmach!

  Entehre dich mit ihr
    Vor allen Zeiten,
  Setz' auf den Thron sie dir
    Zur Seiten,
  Sey selbst das Werkzeug meiner Rache,
    Mache
  Das Maſs der Schande voll!

Unwürdiger, du sollst sie haben!
  Sie triumfier'!
Folg' ihrem Wagen in Fesseln nach,
  Du sollst sie haben,
Und meine Seele soll
  Sich laben
    An deiner Schmach!

            Sie geht ab.

DREYZEHNTE SCENE.

KÖNIG HEINRICH allein.

Unsinnige, dein Toben
Beschleunigt deinen Fall.
Weg! keinen Augenblick verbittern sollst du
mir
Die Wonne, den Triumf — zu krönen was
ich liebe.

Holde Schönheit, deinem Rechte
Huldigt alles, Erd' und Himmel!
Deine Fesseln stolz zu tragen
Folgen Helden
Deinem Wagen!
Selbst des Orkus finstre Mächte
Bändiget dein Zauberblick!

Eile, Göttin des Gerüchtes,
Ihren Sieg der Welt zu melden,
Ihren Sieg und Heinrichs Glück!

Indem er abgehen will, kommt ihm Rosemunde
entgegen.

VIERZEHNTE SCENE.

ROSEMUNDE, KÖNIG HEINRICH.

ROSEMUNDE,

sich ihm zu Füſsen werfend.

Mein König, eine einzige, die letzte Bitte
Versage nicht der armen Rosemund'!

KÖNIG HEINRICH,

indem er sie aufrichtet.

Sprich, meines Herzens Königin,
Dein Wink ist mein Gesetz.

ROSEMUNDE, vor sich.

O Himmel, stärke mich!

Zu Heinrich.

Die Rede stockt in meinem Munde — doch,
ich muſs! —
O höre meine letzte Bitte! Laſs mich fliehn,
Und · meines Lebens Rest dem Himmel
weihn!

KÖNIG HEINRICH.

Wie? Rosemund'? was ist dir? Grausame,
Welch eine Bitte? Du, du willst mich fliehn?

ROSEMUNDE.

O wenn ich je dir theuer war, so höre mich!
Du kennst diefs Herz! Es war vom ersten
    Anblick dein!
Es überliefs so willig sich
Dem süfsen Irrthum! Unbekannt
Mit deinem Stande, war's so glücklich im
    Gedanken
Für Dich allein zu schlagen! — Himmel! dafs
    es nur
Ein Irrthum war! ein süfser Traum!
Ach Heinrich, diese schreckenvolle Nacht
Hat mich erweckt, im Donner mich erweckt
Aus meinem Traum!

KÖNIG HEINRICH.

Hat nur zum süfseren Genufs
Der Wahrheit dich erweckt.

ROSEMUNDE.

Ach! kann ich länger mir verbergen, dafs mein
    Glück
Ein Blendwerk war? dafs meine Liebe zwi-
    schen dir

Und deiner Königin, und deiner Ruhe steht?
Daſs sie — o schrecklicher Gedanke!
Daſs sie — Verbrechen ist?

KÖNIG HEINRICH.

O lästre nicht den seligsten
Der Triebe, lästre nicht dein eigen Herz.
Verbann' die grämlichen Gedanken,
Und überlaſs dich ganz
Der Wonne unsers Wiedersehns!

ROSEMUNDE.

Wie kann ich? — O mein König! eine
                              Kluft
Ist zwischen dir und mir, die uns auf ewig
                              trennt!
O suche nicht durch deine Liebe mich
Hinab zu ziehn!

KÖNIG HEINRICH.

Sey ruhig! Deine Feindin selbst
Hat diese Kluft erfüllt.
Mit jener Hand, die dir den Giftkelch bot,
Zerriſs die Wüthende die Fesseln die mich
                              drückten!
Leer ist ihr Platz auf meinem Thron,
Und ihn zu füllen winkt die Liebe Dir!

ROSEMUNDE.

Ach! eine Hütte, Heinrich, nicht ein
Thron!
Wie glücklich hätte sie mit deiner Liebe
Mein Herz gemacht!

O Liebe, warum machtest du
Uns nicht zu Hirten dieser Matten?

Dann wär' ich deine Schäferin!
Dann lebten wir, Ein Herz, Ein Sinn,
Die frohsten Hirten dieser Matten!
Und drückt' ich einst dein Auge zu,
So stiegen wir in Einem Nu
Umarmt hinab ins Land der Schatten!

O Liebe, warum machtest du
Uns nicht zu Hirten dieser Matten?

KÖNIG HEINRICH.

Auch dieses Glück, Geliebte,
Wird unser seyn. Des Thrones Sorge wird
Nicht alle Ruh mir rauben. Oft
Herunter steigen werd' ich, hier
Im Frieden dieser stillen Haine

Des Lebens reinste Wonn' in deinem Arm zu
suchen!
Nicht König mehr! Dein Schäfer! Alles,
Alles dir,
Wie du mir Alles! —

FUNFZEHNTE SCENE.

BELMONT zu den VORIGEN.

BELMONT.

Herr, die Königin mit ihrer kleinen Schaar
Hat von der Burg mit Dräuen sich entfernt.
Ihr folgt der allgemeine Haſs;
Und alle deine Ritter stehn, o Herr,
Und warten deines Winks!

KÖNIG HEINRICH.

Wohl, daſs die Mörderin sich selbst ver-
bannt!
Itzt lach' ich ihrer Wuth! —
Geh, Belmont, rufe meine Ritter in den
Sahl:
Ich kann nicht bald genug von allem was mir
dient
Gehuldigt sehn der Göttin meines Herzens.

ROSEMUNDE.

Mein König! O was willst du thun? Verzieh!
Verschieb —

KÖNIG HEINRICH.

Nicht einen Augenblick!
Geh, Freund, vollende deines Königs Glück!

BELMONT.

Willkommener Befehl!

Er geht ab.

SECHZEHNTE SCENE.

KÖNIG HEINRICH, ROSEMUNDE.

KÖNIG HEINRICH.

Und du, Geliebte, quäle länger nicht
Dich selbst und mich mit wesenlosen Sorgen!
Schau über diesen Thron hinweg
Auf den ich dich versetze:
In meinem Herzen ist dein wahrer Thron!
Da liegt gefesselt mit der Liebe Ketten
Zu deinen Füfsen jeder meiner Wünsche. Du,
Du bist mir mehr als Thron und Reich. O zeig'
In deinen holden Augen, dafs mein Glück
Auch deines ist!

ROSEMUNDE.

Mein König und mein Herr,
Wie kann diefs Herz, das du allein erfüllst,
Dir länger widerstehn? — Du hast gesiegt!
Gebiete! Hier ist deine Rosemunde,
Bereit für dich zu leben und — zu sterben!

Dir hingegeben
Hab' ich mein Alles!
Mein Glück, mein Leben,
Und was ich bin!

KÖNIG HEINRICH.

Wär' ich Beherrscher
Des Erdenballes,
Dich zu erhalten
Gäb' ich ihn hin!

ROSEMUNDE.

Für dich nur leben,
Für dich erkalten,

KÖNIG HEINRICH.

Ihn hinzugeben,
Dich zu erhalten,

BEIDE.

O seliger Gewinn!

KÖNIG HEINRICH.

So komm und gieb mir den Triumf,
Mit lautem Jauchzen meines Herzens Wahl
Gebilliget zu sehn von meinem ganzen Reich!

ROSEMUNDE.

Ich folge dir!

Sie gehen ab.

SIEBZEHNTE SCENE.

———

Der Schauplatz verwandelt sich in einen grofsen Rittersahl,
mit erhöhtem königlichen Throne. SCHILDKNAPPEN
und RITTER versammeln sich. Zuletzt tritt KÖNIG
HEINRICH auf, von BELMONT begleitet. Der
König besteigt den Thron. ROSEMUNDE erscheint mit
EMMA und dem KOR DER JUNGFRAUEN,
und bleibt seitwärts in einiger Entfernung vom Throne
stehen.

KÖNIG HEINRICH.

Ihr Edeln Albions, ihr, deren Muth und
          Treu'
Ich oft geprüft, die alle die Gefahren
Des Kriegs, und blut'gen Ruhm, und schwer
          erkämpfte Siege

Mit mir getheilt!
Ihr eilet, Freunde, nun am väterlichen
          Herde
Des Friedens Früchte zu genießen,
Ruh' und häuslich Glück;
Und unter goldnen Decken sollt' indeß
Geheimer Gram, des Lebens gift'ger Wurm,
An eures Königs Ruhe nagen?
Nein! — ich will sie von mir werfen,
·Die Schlange, die ich ˙allzu lange duld-
          dend
In meinem Busen hegte! — Elinor
Hat alle Rechte an mein Herz verloren,
Hat durch Verbrechen sich die Ehre, meinen
          Thron
Zu theilen, selbst geraubt — Hier, vor euch
          allen,
Verstoß' ich sie, und gebe Rosemund'
Mein Herz und meine Hand — Ihr seht sie
          hier!
Laßt eure Augen reden
Für Heinrichs Wahl!
Ein Wunder hat sie mir erhalten!
Des Himmels Wink
Und meine˙ Wahl und eure Liebe stim-
          men
In Eins, und rufen sie zum Thron.

KOR DER RITTER.

Leb' und herrsche, Preis der Schönen,

KOR DER SCHILDKNAPPEN und

JUNGFRAUEN.

Schönste Tochter Albions!

BEIDE KÖRE.

Lafs dich Heinrichs Liebe krönen!
Sey die Zierde seines Throns!

KÖNIG HEINRICH zu Rosemunden.

So komm, Geliebte, komm, und nimm den Platz
Wozu dich unsre Liebe ruft!

Rosemunde nähert sich dem Throne mit zitterndem
Schritte.

ACHTZEHNTE SCENE.

Auf einmahl werden die Thüren des Sahles aufgesprengt,
und die KÖNIGIN, von ihren Rittern begleitet, dringt
herein. Die Bestürzung über ihre Erscheinung macht eine
allgemeine Pause.

KÖNIGIN,

im Hereintreten, mit lächelndem Grimme.

Ich ward wohl nicht erwartet
Bey diesem Fest?

Der König fährt mit Zeichen der Unruhe und des Zorns
auf, und ruft Belmont zu:

KÖNIG HEINRICH.

Ha Belmont! was ist dieſs?

In eben diesem Augenblicke stürmt die Königin auf
Rosemunden ein, und stöſst ihr, eh' Emma, Lucia,
Belmont und der König, welche alle herbey eilen, es
verhindern können, einen Dolch ins Herz.

KÖNIGIN,

indem sie den Stoſs führt.

Elende! stirb — — Ich bin gerochen! Nun
Macht was ihr wollt!

Rosemunde sinkt der Emma und Lucia in die Arme.
Man legt sie auf die Stufen des Thrones.

KÖNIG HEINRICH, sinnlos.

O rettet, rettet! — faſst die Mörderin!

ROSEMUNDE.

Umsonst!

KÖNIG HEINRICH,

in Todesangst, zu ihren Füſsen gestürzt.

O meine Rosemunde!

ROSEMUNDE.

Mein Schicksal ist erfüllt! — Ich sterb' — in
deinen Armen.

Der Vorhang fällt.

——————————

DIE WAHL DES HERKULES

EIN LYRISCHES DRAMA.

Von dem

Kapellmeister Anton Schweitzer in Musik gesetzt

und am 17ten Geburtstage des damahligen Herrn Erbprinzen

von Sachsen-Weimar und Eisenach auf dem Hoftheater zu

Weimar im Jahre 1773 aufgeführt.

PERSONEN.

DER JUNGE HERKULES.

ARETE, die Tugend.

KAKIA, die wollüstige Unthätigkeit.

Die Scene ist in einer waldigen Einöde.

HERKULES tritt auf.

O nehmt mich auf, ihr stillen Gründe,
 Gewogne Schatten, hüllt mich ein!
Hier athm' ich wieder frey, empfinde
 Des Daseyns Werth, bin wieder mein!

Ich sollte Amors Ketten tragen?
Die Thorheit schleppte mich an ihrem Sieges-
 wagen?
 Ein feiger Sklave sollt' ich seyn?
 Beym Himmel! Nein!

Ich fühl' ein Herz in meinem Busen
 schlagen,
 Ich fühl' — O Götter, darf ich's wagen,
 In diesem unbehorchten Hain
Um ein Geheimnifs euch zu fragen?

Wefs ist die Stimme, die ich tief im Heilig-
   thum
Der Seele höre? Oder täuschet mich,
Indem ich sie zu hören glaube,
Ein eitler Wahn?
Wer bin ich? — Diese Gluth
In meinem Busen, diese Ungeduld
Nach Thaten, dieses unaufhaltbare Streben
Nach einem unbekannten Ziel,
Diefs Hüpfen jeder Ader, da
Wo andre beben,
Diefs — was ich besser fühlen
Als mir erklären kann,
Wie nenn' ich's, was den andern Erdensöh-
   nen mich
So ungleich macht? was mich auf ihre
   Spiele,
Was auf den ganzen Kreis von ihren kleinen
   Sorgen,
Entwürfen, Freuden, Plagen, kalt und unbe-
   wegt
Mich niederblicken heifst,
Wie man auf einen Haufen Kinder blickt
Die sich um einen Apfel raufen?

Wer bin ich? Gab ein Halbgott, gab
Ein Gott das Leben mir?
Wie wallt mein Blut von diesem grofsen
Gedanken auf! Ich zittre nicht
Indem ich ihn zu denken wage.

Ja! ja! es ist kein Wahn! Ich fühl's, ich
    fühl's,
Was diese Adern schwellt, ist Götterblut!
O Du, der mir von seinem Leben gab,
Unsterblicher,
Warum verbirgst du dich vor mir?
O zeige dich! O lehre deinen Sohn
Die Wege zum Olympus, lehre ihn
Sich deiner würdig machen!

Aber, wenn ich mich zu viel erkühnte?
Wenn die selbstbetrogne Seele
Was sie feurig wünscht für Ahnung hielte?
Alcid! du träumst von Gottheit? Du? —
O sink' in Scham verloren
Tief in die Erde! — Du,
Den noch vor wenig Augenblicken
Ein rosenwangiges,
Der scherzenden Natur noch unvollendet
Entschlüpftes Ding,
Ein Mädchen, deiner selbst vergessen
    machte?

O! dafs mein böser Dämon dir entgegen
Mich führte, da du an der Spitze
Der Töchter Kalydons
Vom traubenvollen Hügel
Herunter in die Myrtenschatten
Des Achelous stiegst, o Dejanira!
Seit diesem Augenblicke find' ich dich,

Wohin ich flieh',
In meinem Wege.   Jedem edeln Vorsatz
Begegnest Du!

Im Traum sogar verfolgst du mich.
Ich seh' dich, jugendlich wie Hebe,
Schimmernd wie Aurora, wollustathmend
Wie Cythere, da die Welle
Sie an Pafos Ufer trug —
Ich seh' dich, und vergesse
Der Lehren, die vom Nektarmund der
                        Söhne
Des Musengottes in Cithärons heil'gen
                        Grotten
In meine Seele flossen — ach!
Vergesse jeden Schwur, den ich
Der Tugend that, so oft beym Lob der
                        Helden mir
Die Wange glühte!

O weich' aus meiner Seele, Zaubrerin!
Nicht länger will ich deine Fesseln tragen.
Es sind nur Blumenketten, leicht zerrissen!
Dein Bild —
Mit seines schärfsten Pfeiles Spitze
Grub es in diese Brust
Der lächelnde Tyrann der Herzen ein —
Allein heraus will ich es reifsen, oder fliehn
Wohin kein Menschenfufs mir folgen soll,
Um meine Schmach und mich

Der Welt auf ewig zu verbergen!
Unglücklicher! bin ich es, dessen Worte
Sein eignes Ohr empören?
O wie räthselhaft noch immer
Mir selbst! wie grofs! wie klein!
Itzt, muthig jedem Ungeheuer Trotz
Zu bieten, itzt, verzagt vor einem Blick;
Itzt ganz durchdrungen von der hohen Schön-
               heit
Der Tugend, ganz ganz ihrer Gottheit voll,
Zu welcher grofsen That,
Zu welchem Opfer fühl' ich mich
Nicht stark genug!
Doch bald, betrogner Jüngling, bald
Wird unter Zauberrosen dich
Die schnöde gürtellose Wollust
Zum Entschlummern
An ihrem Busen locken.
Süfses Gift
Wirst du aus ihren Augen schlürfen,
Und gleich den Seelen, die vom Lethe trinken,
Vergessen wer du bist und was du werden
               sollst.

So niedrig sollt' ich seyn? So schwach?
So unwerth deiner Tugend,
Alkmena? Eurer Lehren so
Uneingedenk, ihr Führer meiner Jugend?
Nein! dieser Tag sey Zeuge meiner Schwüre,
Und du, allsehend Auge des Olymp,

Und du, o Rhea,
Der Götter Mutter und der Sterblichen,
Seyd meine Zeugen! —

Die Scene verwandelt sich plötzlich in einen romantischen
Lustgarten. KAKIA zeigt sich, dem Herkules gegenüber,
auf ein zierliches Ruhebettchen, in einer ihrem Karakter
gemäfsen Lage, reitzend hingegossen.

Götter, welch ein Anblick!
Wo bin ich? Träum' ich wachend?

KAKIA,
sich mit halbem Leib erhebend, ohne aufzustehen.

Willkommen, Göttersohn,
Im Reich der Freude!
Erheitre deinen Blick,
O komm, o meide
Nicht länger deinen Thron
An ihrer Brust!

Hier leben wir, ferne
Vom Erdengetümmel,
Das selige Leben
Der Götter im Himmel:
Uns strahlen die Sterne
Nur Wonne, nur Lust.

Willkommen, Göttersohn,

Im Reich der Freude!

O komm, o meide

Nicht länger deinen Thron

An ihrer Brust!

Sie steht auf und nähert sich ihm.

Du fliehst die Welt, Alcid?

Im Alter des Vergnügens

Entweichst du ihm in einen öden Wald?

Sprichst mit dir selber, staunst,

Verlierst dich in Gedanken, zweifelst welchen Weg

Ins Leben du erwählen sollst?

Sieh eine Freundin hier,

Die willig ist zum Glück der Götter dir

Den Weg zu zeigen.

HERKULES.

Und wie, o Göttin, — denn so kündigt dich

Dein ganzes Wesen an —

Mit welchem Nahmen soll ich dich verehren?

KAKIA.

Freude nennen mich,

O Jüngling, meine Freunde; aber in

Der Göttersprache ist

Mein Nahme Eudämonia.
Denn selbst die Götter leben nur durch mich
Ihr ewig sorgenfreyes Wonneleben.

    Ich bin die Schöpferin der Freuden im
                Olymp
Und auf der Erde. Scherze, Grazien
Und Amoretten
Sind mein Gefolge. Selbst
Die Musen, die du liebst,
Sind meine Dienerinnen.
Meinen Freunden
Zollt der ganze Erdball Lust.
Ihnen scheint allein die Sonne,
Ihnen duftet Amors Lieblingsblume,
Ihnen sprudelt nur der Erde Nektar
Im krystallnen Becher, ihnen nur
Beleuchtet zu Cytherens Schlummer
Den Rosenpfad der stille Mond.
Sie, sie allein geniefsen
Des Lebens, scherzen seine Sorgen weg,
Und gleich der Rose, die an einer Nymfe
                Busen
Verduftet, athmen sie im Schoofs der Lust
Ihr frohes Daseyn aus.

O du, der Götter Liebling, Herkules,
Was zögerst du? —
Du zweifelst? — Hat ein Leben, ganz
Aus Lust gewebt, nichts was dich reitzen kann?

HERKULES.

Du sagst mir, Göttin, nur was deine
Freunde
Geniefsen; sage mir auch was sie thun.
Womit verdienen sie so schön belohnt zu
werden?

KAKIA.

Verdienen? — Denke richtiger
Vom Glück der Weisen, die sich mir ergc-
ben!
Geniefsen, Freund, und vom Genusse ruhn
Zu süfserem Genufs, ist alles was sie
thun.
Geniefsen ohne Arbeit, in Gefühl
Ganz aufgelöst mit jedem trunknen Sinn
In einem Ocean von Wollust weben,
So leben die Olympier, so lebt
Wer mich besitzt, und diefs nur nenn' ich
leben!

Bey Hebens Nektarschalen,

Beym Lustgesang der Musen,

Ist euer Selbstbetrug,

Sind eure Qualen,

Betrogne Sterbliche,

Der Götter Spott!

O Jüngling, den die Sterne lieben,

O kämpfe nicht mit deinen Trieben!

Komm, Glücklicher, an meinen Busen,

Und werd' ein Gott!

HERKULES.

Allmächt'ge Götter! kann auch wider unsern
Willen

Ein fremder Reitz Gewalt der Seele thun?

Zu stark, zu stark ergreift mich deiner süfsen
Töne

Wollüst'ge Zauberey, Verführerin!

Ich strebe dir entgegen,

Ich fühle dafs ich's soll,

Und — folge dir.

Bey den Worten, „ich strebe dir entgegen," öffnet sich
der hinterste Theil der Scene, und entdeckt eine rauhe Wild-
nifs, die auf einem steilen, mit Dornen bewachsnen Pfade
zum Gipfel eines hohen Berges führt, wo aus einem Lorber-
wäldchen die Zinne des Tugendtempels hervor glänzt.

In dem Augenblicke, da Herkules spricht, „ich folge dir,"
erscheint

ARETE.

Halt ein, Alcid! Sieh, wer die Hand dir reicht!

HERKULES.

Welch eine Stimme? — O bist du's,

Bist du's, du Göttin meiner Seele? — Ja,

Dein ganzes Wesen, diese Majestät
Voll hohen Reitzes, diese Wunderkraft,
Die von dir ausgeht, meine schwankende
Entnervte Seele faſst, mit neuem Muthe
Sie anhaucht, alles, groſse Göttin,
Verkündigt Dich.
Du bist die T u g e n d — die ich liebe —

Mit Beschämung und Wehmuth.

Der ich untreu bin!

A R E T E.

Dein Herz, o Herkules, wiewohl ich deinen
Augen
Noch niemahls sichtbar ward,
Dein Herz erkennt mich, deine Freundin,
deines
Geschlechtes Freundin: mich,
Die durch den Mund
Der Weisen, die dich bildeten,
Das göttliche Gefühl des Adels deiner Seele
In dir entflammte. Sieh, ich zeige hier
Mich deinen Augen. Dieser groſse Tag
Soll deines ganzen Lebens
Entscheidung seyn.

K A K I A.

Alcid, die Zeit ist kostbar, kurz das Leben.
Dieſs Wortgepränge raubt dir Augenblicke,
Die ungenossen fliehn, und niemahls wieder-
kommen.

ARETE.

Die Wahrheit, Herkules,
Braucht, um zu siegen, keiner Rednerkünste;
Sie rührt, sie überwältiget das Herz
Durch ihren eignen Reitz.
Ich komme nicht ein Leben ohne Mühe,
Ruhmloses Glück und unverdiente Freuden
Dir anzubieten. Heilig ist
Die Ordnung mir des Vaters der Natur;
Nichts Gutes geben
Den Sterblichen die Götter ohne Mühe.
Soll dir die Erde ihre Schätze zollen,
Du mußt sie bauen. Soll
Dein Vaterland dich ehren,
Arbeit' für sein Glück, für seinen Ruhm.
Soll Fama deinen Nahmen
Den Völkern und der Nachwelt nennen,
Verdien's um sie. Sey ein Wohlthäter
Der Menschheit, lebe, schwitze, blute
In ihrem Dienst. Was könnten dir die Men-
schen,
Die nichts von dir empfängen, schuldig seyn?
Verdienen nicht die Götter selbst den Weihrauch,
Der ihre Tempel füllt, durch alles Gute
Das sie der Erde thun?

KAKIA.

Du hörst es! Alles was die Freudenstörerin
Dir anzubieten hat, ist Arbeit, Mühe,
Gefahren, Wunden, Tod. Für andere,

Für Undankbare sollst du leben, nicht für dich;
Mühselig leben, dafs dein Grabstein einst
Dem Vorwitz später Enkel melde:

  „Hier liegt ein Thor, der leben konnte,
    Und starb,
  Um, wenn er nicht mehr wär',
    Auf andrer Thoren Lippen
  Ein ungefühltes Daseyn zu erhaschen."

Herrliche Vergütung
Für alle Opfer, die sie von dir fordert!
Ich, junger Freund, verkaufe meine Gunst
Dir nicht so hoch. Geniefse du des Lebens
Im weichen Schoofs der Ruhe! Andre sollen
Für dein Vergnügen schwitzen. Eine ganze
Rastlose Welt soll deinen Freuden dienen,
Soll sich erschöpfen deinen Wünschen selbst
Zuvor zu eilen.

A R E T E.

    Thörin, höre auf
Mit deiner Schande dich zu brüsten!
Hör' auf mit täuschendem Sirenensang
Arglose unerfahrne Wanderer
In deinen Schlund zu ziehn!
Wer kennt dich nicht?
Und wen wirst du bethören, der dich kennt?
Du prahlst mit Götterwonne, Du,
Die alle ihre Freuden mit den Thieren

Des Feldes theilt und nichts von andern weifs;
Die keinen innern Sinn für Wahrheit hat,
Noch für die süfse Ruhe
Der mit sich selbst und mit der ganzen
Natur in Friede lebenden schuldlosen Seele;
Du, deren Busen nie die heil'ge Gluth der Liebe
Zum Vaterland, der Menschenliebe wärmte,
Von deren Wange nie die fromme Thräne
Des Mitleids flofs, du sprichst von Götterwonne?
Wenn jemahls hat dein Ohr von allem Wohl-
    klang
Den süfsesten, verdientes Lob, gehört?
Sprich, wenn genofs dein Auge je des schönsten
Von allem was die Augen sehen können,
Des Anblicks einer guten That von dir?
Und selbst die einz'gen Freuden, die du kennst,
Wem giebst du lauter sie und unvergiftet?
Erwartet jemahls deine Lüsternheit den Ruf —
Gehorcht sie je dem Warnen der Natur?
Wenn achtest du im Taumel deiner Lüste
Ihr heiliges Gesetz? Darum ereilen auch
Bald ihre Strafen dich,
Und deiner eignen Thorheit Töchter
Sind die Erinnyen, die deine Frevel rächen.
In deinen Adern zehrt ein schleichend Gift
Des Lebens Quellen auf; ein frühes Alter
Welkt deine Wangen; stumpf und nur zum
    Schmerz
Noch mit Gefühl gestraft, gepeinigt vom Ver-
    gangnen

Und von der Zukunft, schmachtest du
Ein schrecklich Daseyn hin, das keine Hoffnung,
Kein tröstendes Bewußtseyn guter Thaten dir
Erträglich macht.
Unglückliche, was helfen dann
Die Rosen dir, die deinen Weg bestreuen?
Durch Blumen führt sein sanfter Abhang, aber
                                        führt
In unausbleibliches Verderben.
Mein Weg ist steil und rauh und dornenvoll,
Er schreckt den Weichling ab;
Doch sieh, o Göttersohn, wohin er führt!

Der steile Pfad, auf den ich leite,
    Dräut mit Dornen, starrt von Klippen;
        Des Mittags Hitze saugt dein Blut;
Mit trübem Blick, mit dürren Lippen,
    Siehst du, wenn Kraft und Muth ermatten,
    Vergebens dich nach kühlen Schatten,
        Nach einem Quell vergebens um.

Getrost! Ich schwebe dir zur Seite,
    Ich helf' in jedem Kampf dir siegen;
        Du dringst empor mit neuem Muth:
Der Gipfel naht, er ist erstiegen!
Da weht unsterbliches Vergnügen,
    Und alles ist Elysium.

H E R K U L E S.

O Göttin, löse mir
Das Räthsel meines Herzens auf.
Zwey Seelen — ach, ich fühl' es zu gewifs! —
Bekämpfen sich in meiner Brust
Mit gleicher Kraft: die befsre siegt, so lange
Du redest; aber kaum ergreift
Mich diese Zaubrerin mit ihren Blicken wieder,
So fühl' ich eine andere
In jeder Ader glühn, die wider Willen mich
In ihre Arme zieht.

A R E T E.

Erröthe, Herkules,
Erröthe vor dir selbst! Die befsre Seele
Bist Du! Sie ist allein dein wahres Selbst;
Wag' es zu wollen, und der Sieg ist dein!

K A K I A.

Alcid, du wendest dich von mir?
Du scheuest meinen Blick?
Wie wenig kennst du deine Freunde!
Aus gutem Willen kam ich, dir
Mit meiner Gunst
Die schöne Dejanira anzubieten:
Willst du dein eigner Feind seyn? Immerhin!
Verschmähe sie und mich! Ich werde den
Nicht lange suchen müssen, der so ein Geschenk
Mir abzunehmen sich entschliefsen kann.

HERKULES.

Was sagst du? — Oder ist's nur Täuschung?
denkst du nur
Mit diesem süfsen Nahmen mich zu locken?
Du, Dejaniren, mir?

KAKIA.

Und deines Herzens
Verlorne Ruh und Freuden ohne Mafs
In ihrem Arm! — Ja, Dejaniren,
Die schönste meiner Töchter, Sie, die ich
Für dich von Kindheit an bestimmte, dir
Erzog und pflegte, Undankbarer! Sie
Verschmähest du?

HERKULES.

Ich sollte Dejaniren
Verschmähn? Freywillig ihr entsagen? Nein!
Das kann ich nicht! Du selbst, Arete, kannst
Ein solches Opfer nicht von mir verlangen!

ARETE.

Und du — dem Ruf der Götter ungetreu,
Du könntest, eh' du ihr entsagtest, mir,
Dem Ruhm, der Tugend, der Unsterblichkeit
entsagen?
Du kannst noch schwanken?

HERKULES, ARETE, KAKIA.

HERKULES zu ARETE.

O trag' Erbarmen
  Mit meinem Schmerz!
Der inn're Aufruhr
  Zerreifst mein Herz.

KAKIA.

Dir winkt in meinen Armen
  Der Liebe Glück,
  Dich lockt ihr süfser Blick,
Und du verziehest?

ARETE.

Besinne dich! Du fliehest
  Das wahre Glück.

HERKULES.

Ist nicht für beide Raum
  In meiner Seele?

ARETE.

Weg mit dem eiteln Traum!
Erwach' und wähle!

HERKULES.

Ich lieb', o Göttin, dich
Und Dejaniren!

HERKULES und KAKIA, à 2.

{ Und ich entschlösse mich
{ Und du entschlössest dich

Euch }
      } zu verlieren?
Sie }

HERKULES.

Ist nicht für beide Raum
In meinem Herzen?

ARETE.

Weg mit dem eiteln Traum!

HERKULES.

Glich meinen Schmerzen
   Wohl je ein Schmerz?
Der inn're Aufruhr
   Zerreifst mein Herz.

ARETE und KAKIA, à 2.

{ Der Tugend Götterglück
{ Der Liebe Götterglück
   Willst du verscherzen?
O flieh! o flieh zurück!

HERKULES.

Nur einen Augenblick!
   O tragt Erbarmen!

KAKIA.

In meinen Armen
Winkt dir der Liebe Glück,
   Und du entfliehest?

ARETE.

Dir winket Götterglück,
   Und du verziehest?

KAKIA.

Ist's möglich, holder Jüngling,
Kann zwischen mir und dieser ungeschlachten
Trübsel'gen Freudenhasserin
Dein Herz im Zweifel seyn?

ARETE.

Die Tugend leidet keine Nebenbuhlerin,
Alcid! und der entsagt mir schon
Der zwischen mir und meiner Feindin wankt.
Wenn Scham und Reue dich
Dereinst aus deinem Traume wecken,
Dann, Herkules, erinn're dich
Was ich für dich gethan. Itzt kann ich nichts
Als dich beklagen und — verlassen!

HERKULES.

Ich sollte Dich verlieren, Göttin, dich?
O eher laſs mir alles, was ein Sterblicher
Verlieren kann, entrissen werden!
Alles was ich liebe,
Das Leben selbst! — Was wär' es ohne dich?
Wie könnt' ich dir entsagen, dir,
Arete, die ich über alles liebe?
Verzeih, verzeih dem Taumel meiner Sinne!
Verlaſs mich nie! Zu deinen Füſsen schwört
Dein Herkules sein ganzes Herz dir zu.
Sieh ihn bereit dir alles aufzuopfern, alles
Für dich zu thun, für dich zu leiden, freu-
dig dir   .
Bis in den Tod zu folgen.

ARETE.

Steh auf, mein Sohn!
So bist du deines Ursprungs

Und meiner Pflege würdig! Glorreich, Her-
  kules,
Wird deine Laufbahn seyn,
Und grofs der Preis, der dich am Ziel erwartet.

HERKULES.

Und dir, Sirene, dir und deinen Gaben
Entsag' ich hier im Angesicht des Himmels und
Der Tugend, der ich mich zum Diener weihe.
Ein einz'ger Tag, für sie gelebt,
Ist einer Ewigkeit
Voll deiner Freuden vorzuziehn.

> Kakia entfernt sich mit einem Verdrufs, den sie hinter
> ein höhnisches Lächeln zu verstecken sucht. Der Lustgarten
> verschwindet zugleich mit ihr.

ARETE.

O glaube mir, Alcid, indem du ihr entsagst,
Verzeihst du keiner Freude dich, an welche
Ein edler Geist sich unbeschämt
Erinnern kann. Die Freuden der Natur
Schmeckt nur der Weise rein und unvergällt;
Er, der sie sparsam, im Vorübergehn, geniefst,
So wie ein Wanderer die Ros'
An seinem Wege pflückt. Allein die Quelle
Des wahren Glückes fliefst in deiner eignen Brust.
Vergebens wär's sie aufser dir zu suchen.
Denn wisse, Herkules,
Was sterblich ist an dir, ist nur die Hülle

Des Unvergänglichen,
Und Götterfreuden nur sind eines Gottes würdig.
Ja, Sohn, die Ahnung, deren leiser Stimme
Du oft in deinem Innern horchtest, trügt dich
nicht;
Ein Gott, ein Gott
Ist diese Flamme, die in deinem Busen lodert.
Verwandt dem Himmel, und zum Wohlthun
blofs
Auf diese Unterwelt gesandt,
Kehrst du, wenn einst dein göttliches Geschäfte
Vollendet ist, zurück in höhern Kreisen
Zu leuchten. — Schau empor, Alcid!

Sie, die in jenen Sfären herrschen,
Womit verdienten sie den Weihrauch, den
Die Dankbarkeit der Sterblichen auf ihren
Altären duften läfst?
Sie lebten einst, wie du, in irdischer Gestalt,
Doch nicht sich selbst,
Sie lebten blofs der Erde wohl zu thun.
Sie waren's, die den rohen Menschen durch
Die Zaubermacht der Musen seinem Wald
Entlockten, durch Gesetze seine Wildheit
zähmten,
Ihn umgestalteten und seinen Blick
Empor zum Vater der Natur erheben
lehrten.
Der goldne Friede, mit der ganzen Schaar
Der Künste, die er nährt, der Überflufs

Mit seinem Füllhorn, alles, was
Das Leben adelt, schmückt, beseliget,
Es war ihr Werk! Beschützer, Lehrer,
                Hirten
Der Völker waren sie, und glänzen nun
Im Kor der Götter, selig durch den Anblick
Des Guten, das sie thaten.

HERKULES.

O Göttin, führe, führe mich
Den Weg, den diese Helden gingen!
Was säumen wir?
Er mag dem Weichling furchtbar seyn,
Er mag mit Dornen dräu'n, von Klippen starren,
Bey jedem Schritte mögen Ungeheuer
Sich mir entgegen stürzen;
Mich schreckt kein Hinderniſs, kein Feind,
Ich folge dir!

HERKULES, ARETE.

HERKULES.

Allmächtig ist das Feuer,

    Das du in mir entzündet,

Die Kette unauflöslich,

    Die dich mit mir verbindet,

Mir, dem du ohne Schleier,

    O Tugend, dich enthüllst.

ARETE.

Von deiner ersten Jugend
Hab' ich dich auserkohren:
Heil dir, du Held der Tugend,
Wenn du, für mich geboren,
   Dein großes Loos erfüllst!

HERKULES.

Dich hab' ich mir auf ewig
Zur Göttin auserkohren:
Allmächtig ist das Feuer,
Das mich für dich entzündet.

ARETE.

Du bist für mich geboren.

HERKULES.

Ich bin auf ewig dein.

ARETE.

Dein süßestes Geschäfte
Sey, alle deine Kräfte
   Dem Glück der Welt zu weihn!

HERKULES.

Dich hab' ich mir auf ewig
Zur Göttin auserkohren,
Dir weih' ich meine Jugend!

ARETE.

Du bist dazu geboren,
Alcid, der Held der Tugend,
Der Menschen Stolz zu seyn.

BEIDE.

Dich hab' ich mir erkohren,
Du bist ⎫
Ich bin ⎭ dazu geboren,
Den Göttern gleich ⎫
Auf ewig dein ⎭ zu seyn.

SINGGEDICHT

zur Geburtsfeier des Durchl. Herrn Erbprinzen Karl
Friederich zu Sachsen - Weimar und Eisenach.

––––––––––

In Musik gesetzt von Herrn Wolf. 1783.

.

.

Willkommen, willkommen,
  Du lange Gehoffter!
Zur seligen Stunde
Vom Himmel gegeben,
Willkommen ins Leben,
  Willkommen ins Licht!

  Umströmt von Entzücken,
Von Freude beklommen,
  Verschlingt Dich die Liebe
Mit gierigen Blicken,
  Schaut wieder und wieder
  Und sättigt sich nicht.

Umkränzt mit Sternen rief
Aus einer hellen Wolke,
In tiefer Nacht, da ringsum alles schlief,
Die frohe Botschaft Deinem Volke,
O Vater Karl August, der Sachsen Schutz-
  geist zu.
Ihr Jubel hallt von Berg zu Berg,
Von Thal zu Thal durchs Land,
Vor Freude bebt der raschen Ilme Strand,
Von Myriaden wird die Wonnepost vernom-
  men,
Und alles ruft im Taumel trunkner Lust
Aus Einer Brust
Aus Einem Munde
Dem Neugebornen zu:

 Willkommen, willkommen,
  Du lange Gehoffter!
 Zur seligen Stunde
 Vom Himmel gegeben,
 Willkommen ins Leben,
  Willkommen ins Licht!

Mit offnen Armen nimmt,
Du heil'ges Pfand der Dauer unsers Glückes,

Dich aus der Hand
Der Göttin des Geschickes
Dein Vaterland.

Ein neues Leben, strömt aus Deinem jungen
Leben
In unsre Brust, und hohes Vorgefühl
Der Zukunft wallt mit süfsem Beben
In jedem Busen auf. Kein düstrer Kummer drückt
Den Muth des Fleifses mehr, der in die Ferne
blickt,
Und alle Kräfte regt ein ungewohntes Streben.
Wie neu geboren blühn hinfür
Die schönen Fluren auf mit Dir,
Die das Geschick zum Erbe Dir gegeben.
Dein Anblick, theures Kind, Dein Wachsthum,
Dein Gedeihn
Ist Frühlingsgeist, ist Sonnenschein,
Und wie ein lang' erseufzter Regen
Bringst Du uns Heil und unerschöpflichen Segen.

So labt ein dürstend Land
Der milde Thau;
In Balsamtropfen schmilzt
Des Morgens Grau,
Und Edens Jugend glänzt
Aus Feld und Au.

Erwache denn, o du der Götter und der
Menschen
Unsterbliche Gebärerin!
Weg mit der düstern Winterhülle!
Verjünge dich in hoffnungsvolles Grün!
Laſs eilends alle Knospen ihre Blätter
Dem Göttersohn entfalten; laſs für Ihn
In tausendfarbner üppiger Fülle
Aurorens schönste Kinder blühn!

Zefyretten, laſst mit sanftem Wallen
Blüthenschnee auf Seine Wiege fallen,
Athmet Ihm die reinsten Düfte zu!

Und im nahen Hain, ihr Nachtigallen,
Dämpfet eurer Kehlen helles Schallen,
Und mit süſsem Wirbeln singet Ihn in
Ruh!

Doch, haltet ein, ihr Sänger in den Zweigen!
Ihr Weste, regt die leisen Flügel nicht!
Er schlummert — Still! Kein Laut entweih'
das heil'ge Schweigen!
Der Muse nur erlaubt die fromme Pflicht
Mit leichter Hand den Vorhang wegzubeugen.
O herzerweiterndes, o seliges Gesicht,
O Anblick Engel selbst vermögend anzuziehen!

Er schlummert auf Luisens Schoofs.
Ihr Mutterauge ruht mit innigem Vergnügen
Auf Ihrem Sohn, und sucht und ahnet
  wonnevoll
In Seinen kindlich edlen Zügen
Den Helden, der einst werden soll.
Mit Lieb' ergiefsenden Blicken
Bückt Sie Sich über Ihn, und drückt mit
  Einem Kufs
Die Tugenden Ihm ein, die einst Ihr Volk
  beglücken.

Mitwissend um des Schicksals tiefsten Schlufs
Schwebt über Ihr Germaniens Genius,
Entziffert in der dämmernden Ferne
Die hohe Götterschrift der Sterne,
Und auf Karl Friederich sein strahlend
  Angesicht
Geheftet, reicht er freundlich Seinem Engel
Die Hand, und spricht:

Schützer des neuen Spröfslings
  Von Sachsens ewigem Stamme,
  Verdopple deine Sorgen!
Sieh auf zum Pol und lerne
Im Hieroglyf der Sterne
  Sein glorienvolles Loos!

Schon an des Lebens Morgen
Fach' an die Heldenflamme!
Entfalt' in Seinem Busen
Durch schöner Thaten Träume
Der Tugend kräft'ge Keime
Und bild' Ihn gut und grofs.

Und du, der Sachsen Schutzgeist, mit
der Kraft
Des Sturmes weh' sie auf zum unverlöschbarn
Feuer
Die Flamme, die in diesem Augenblick
In jedem Busen lodert!
Ein jeder fühle sich vom Himmel aufge-
fodert,
Und bey dem allgemeinen Glück
Entbrenne jedes Herz in allgemeiner Tugend!
Lafs um den Fürsten deiner Jugend,
Mit Ihm, für Ihn, und stolz auf Ihn,
Ein neues Volk empor in befsre Zeiten blühn!
Ein neues Volk, die Erben jener Treue,
Die Seinem Vater ihre Väter weihn.
Lafs sie, die mit Ihm Kinder waren,
Mit Ihm geblüht, dereinst in reifen Jahren
Karl Friedrichs werth und durch Ihn glück-
lich seyn.

Falle vom Himmel nieder,

   Du allverbindend Feuer,

   Du bester aller Triebe,

   Durchglüh' uns, heil'ge Liebe

     Zum väterlichen Land!

ZWEY STIMMEN.

Erfülle Haupt und Glieder,

   Und mach, in sel'gem Wechsel,

Den Fürsten Seinem Volke,

   Sein Volk dem Fürsten theuer,

Und Lieb' und Gegenliebe

   Schling' ewig immer fester

     Das unauflösliche Band.

VIER STIMMEN.

Falle vom Himmel nieder,

   Du allverbindend Feuer,

   Du aller Triebe bester,

Und Lieb' und Gegenliebe

   Schling' ewig immer fester

     Das unauflösliche Band.

ZWEY STIMMEN.

Von diesem schönen Bunde
Der Lieb' und Gegenliebe
   Seht hier das holde Pfand!

K O R.

O Vater dieses Landes,
An Deines Sohnes Wiege
   Schwört Dir aus unserm Munde
   Dein Erbvolk Treu', und Liebe
   Zum väterlichen Land.

———————

DAS URTHEIL DES MIDAS

EIN KOMISCHES SINGSPIEL

In Einem Aufzuge.

PERSONEN.

APOLLO.

THALIA.

EIN JUNGER FAUN.

PAN.

KÖNIG MIDAS.

KOR DER FAUNEN.

KOR DER MUSEN.

Edelknaben und Volk.

Die Scene liegt in Frygien.

Eine Gegend am Ufer des Paktols, mit Gebüschen und
Bäumen geziert. Zu beiden Seiten Anhöhen mit Rasen-
sitzen. In der Mitte erhebt sich ein Thron von Rasen und
Laubwerk, über welchem ein mit Rosen durchflochtner
Efeukranz aufgehängt ist. In der Ferne zeigt sich der
Palast des Königs Midas.

ERSTE SCENE.

THALIA tritt lachend auf.

Ha, ha, ha, ha!
O das ist gar zu schön! Wer hilft mir
lachen?

EIN FAUN,
aus einem Busche hervor springend.

Um einen Kuſs, Thalia, lach' ich mit,
Und frage nicht, Warum?

THALIA.

Um einen Kuſs? Nein, schönes Faunchen,
nein!
So theuer nicht: ich kann ja solo lachen.

DER FAUN.

So viel du willst. Ein Kuſs ist ohne das
Zum Ernst zu wenig, und zu viel zum
      Spaſs;
Ich möchte mir damit den Mund nicht wäs-
      sern machen.

Ein Küſschen ist

Auch gar zu bald geküſst!

Kaum spitz' ich die Lippen,

Es schlürfend zu naschen,

Kaum glaub' ich's zu haschen,

So ist es entschlüpft.

Weg ist die Lust so bald wir zählen

      müssen!

Wie leicht wird von gezählten Küssen

Einer überhüpft!

THALIA,

mit einer Pantomime, welche die Anspielung auf die
bekannte Fabel vom Fuchs und der zu hoch hangenden
Traube deutlicher macht.

Die Traube mag ich nicht!
Sie würde mir nur stumpfe Zähne machen.
Wie schlau, Herr Fuchs! — Allein auch
      ungeküſst,

Mein guter Faun, sollst du mir helfen
        lachen!
Ha, ha, ha, ha!

DER FAUN

lacht auf eine erzwungene und bürleske Art mit.

THALIA.

Der grofse Spafs,
Zu wiehern, wie du thust, und nicht zu
        wissen,
Warum! — Warum ich lache, Faun,
Das ist's — ha, ha, ha, ha!
Es ist zum Bersten! — Was doch Eigendün-
        kel nicht vermag!
Sprich, lud nicht euer Pan auf diesen
        heut'gen Tag
Den Musengott zum Kampf im Singen ein,
Und soll nicht Midas — Richter seyn?

DER FAUN.

So? ist's nur das? Ich dachte was es
        wäre!

THALIA.

Ich denke, Freund, es ist sehr viel,
Und viel zu viel für euers Ordens Ehre.
Wir setzen nichts dabey aufs Spiel,

Und so ein Sieg kann wenig uns vergnügen.
Blofs euer Wahn im Kampf mit uns zu
siegen,
Der ist belachenswerth.

DER FAUN.

Nur nicht zu früh gelacht, mein schönes
Kind!
Der lacht am besten der am letzten lacht!
Das Kichern soll dir bald genug ver-
gehen.

THALIA.

Ihr habt euch freylich vorgesehen;
Die Wahl des Richters zeigt's!

DER FAUN.

Wie so? wie so? Was wäre gegen
Den König Midas einzuwenden?
Besinne sich das Fräulein was sie spricht!
Die Könige sind Herr'n von langen Hän-
den —

THALIA.

Wir andern fürchten uns vor ihrer Länge
nicht.

Ein Diadem ist keine Zauberbinde,

Um welchen Kopf es auch sich winde.

Es ziert die Stirne zwar

Und hält das Haar zusammen:

Allein der Kopf,

Und sollt' er auch vom grofsen Belus

stammen,

Der Kopf, der Kopf,

Ist er ein Tropf,

So bleibt er was er war.

DER FAUN.

Bey meinem Schlauche!   Nennt ihr das

Nicht gar — verzeih' mir's Pan! — filoso-

fieren?

Mein Kind, du kennst den König Midas nicht:

Sein Kopf hat nichts beym Wetten zu

verlieren.

Herr Midas, durch der Sterne Gunst,

Ist Meister jeder freyen Kunst

Und Kenner aller schönen Sachen.

THALIA, ironisch.

Das ist bekannt!

Wer giebt uns öfter was zu lachen?

DER FAUN.

Er ist kein blofser Dilettant.
Er kann dir alles besser machen.

THALIA.

Ja wohl! den Klugen was zu lachen!

DER FAUN.

Er hat Verstand!

THALIA.

Das ist bekannt!

DER FAUN.

Macht er nicht Verse?

THALIA.

Schlecht genug!

DER FAUN.

Und spricht von allem?

THALIA.

Superklug!

DER FAUN.

Tanzt wie ein Faun, singt —

THALIA.

Wie ein Rabe!

DER FAUN.

Und spielt die Flöte schier wie Pan?
Er ist ein Herr von seltner Gabe!

THALIA.

Man sieht's ihm an!

DER FAUN.

Bey meinem Thyrsusstabe!
Ein Herr von grofser Gabe,

THALIA.

Ja wohl! Ein feiner Knabe!
Man sieht's ihm an!

DER FAUN.

Bald sollst du es auch hören — Ha!
Sie kommen schon — Von allen Seiten strömt
Das Volk herbey; der Schauplatz füllet sich

Mit Zeugen unsres Siegs — Thalia, horch
            empor!
Des Krummhorns Ton! der Klapperbleche
            Klirren!
Sie kommen! Siehe da, der Faunen mun-
            tres Kor,
Und Pan in ihrer Mitte!

Der Schauplatz füllet sich mit einer Menge Volkes von
beiderley Geschlecht und jedem Alter.

ZWEYTE SCENE.

PAN vom KOR DER FAUNEN umgeben,
        die VORIGEN.

KOR DER FAUNEN.

Platz gemacht, ihr Leute!
    Platz dem Sieger Pan!
Unser Tag ist heute!
Wie zur sichern Beute
Ziehen wir zum Streite
    Im Triumf heran!
Platz gemacht, ihr Leute!
    Platz dem Sieger Pan!

THALIA.

Das nenn' ich das Gewifsre spielen!

PAN, zu Thalien.

Ah sa! mein schönes Kind, was machst Du
hier?
Du kommst doch nicht den Kampf uns abzu-
sagen?

THALIA.

Wie schön ist dieses Selbstvertraun!
Wie glücklich ist ein Faun,
Der immer sich gefällt, den keine Zweifel
plagen,
Der urtheilt wie man Kegel schiebt,
Und Unsinn spricht so viel als ihm beliebt!
Was darf ein Mann mit langem Ohr nicht
wagen!

Ein Faun

Ist traun!

Im glücklichsten Zeichen geboren!

In seine Faunheit eingehüllt

Trägt er sein Hörnchen übergüldt,

Reckt hoch empor

Sein langes Ohr,

Und spottet der kleineren Ohren.

PAN.

Ich glaube gar die Dirne will uns necken?
Gut! gut! das Omen nehm' ich an.
Ja, recken wollen wir die Ohren, recken,
Bis in die Wolken sie, wenn's möglich ist,
                    verlängen,
Und hängen, hängen, bis zur Erde hängen
Sollt ihr die eurigen!

Man hört Trompeten und Pauken von fern.

KOR DER FAUNEN.

Platz gemacht, ihr Leute!

Macht euch auf die, Seite!

König Midas naht!

Herr Midas, unser Gönner,

Der gröfste aller Kenner,

Der je auf Leder trat.

Platz gemacht, ihr Leute!

König Midas naht!

———

———

DRITTE SCENE.

KÖNIG MIDAS, in einem langen Talar, dessen Schleppe ihm zwey Edelknaben nachtragen, kommt sehr eilfertig herbey gewackelt. Die VORIGEN.

THALIA, bey Seite.

Der Spaſs wird Ernst. Apollo darf nicht
länger säumen.

Sie schleicht sich weg.

KÖNIG MIDAS, zu Pan.

Verzeihung, guter Pan! Wir lieſsen uns ein
wenig
Zu lang' erwarten.

PAN.

Ist bey hohen Standspersonen
Nichts ungewöhnliches.

KÖNIG MIDAS.

Nicht wahr, ihr dächtet nicht,
Daſs Midas, wie ihr ihn hier seht,
Dem Tage selbst zuvor kam, bey der ersten
Rose,

Die ihm Aurora an die Nase warf,
Sich aus den Federn machte?

Die Faunen lachen laut auf.

                     O das stellt
Kein Menschenkind sich vor, was unser einer
Den ganzen langen Tag bis in die späte Nacht
Zu thun hat! Wie man immer zehnerley
Auf einmahl thun, und immer da und dort
Und allenthalben seyn soll, oft nicht weifs
                wo einem
Der Kopf steht, und am Ende, seht ihr, doch
Nie fertig wird, doch immer
Das nöthigste versäumt, und überall zu spät
            kommt.
Bey meiner Treu'! es ist ein saures Leben!
Die Welt beneidet uns?
Sie hätt' uns wahrlich viel heraus zu
           geben! —

Doch, was ich sagen wollte,
Wo bleibt Apollo? — Ha! probiert ver-
        muthlich
Sein Stückchen noch! — Hat's Ursach'! —
        Was Geschmack betrifft,
Da bin ich, unter uns gesagt,
Ein wenig eigen!
Er kann es trefflich machen, und noch kommt's
        drauf an
Ob's mir gefällt. Ich war von Kindesbeinen an

Liebhaber — Kenner will ich just nicht sagen;
Doch, Ohren bring' ich mit, verlafst euch
drauf!

P A N.

Oh, wenn man solche Ohren
Zu Richtern hat, dann ist's nur Spafs um's
Singen.

K Ö N I G   M I D A S.

Ich sage nichts — Genug, ich weifs wohl was
ich weifs;
Freund Pan, wir kennen uns — Apollo mag
nur kommen!

D E R   F A U N.

Da kommt er wirklich schon.

K Ö N I G   M I D A S.

Lupus in Fabula! Ha, ha, ha, ha!

Alle Faunen lachen mit.

———

VIERTE SCENE.

APOLLO, THALIA, KOR DER MUSEN,
die VORIGEN.

APOLLO.

Herausgefordert komm' ich, nicht aus Wahl;
Pan will den Kampf, Pan wählte sich den
Richter.
Mir gilt ein jeder gleich, vorausgesetzt
Er hat ein Herz und nicht zu dicke Ohren.

KÖNIG MIDAS.

Nicht präludiert! Zur Sache! Frisch gewagt
Ist halb gethan! Ich setze mich —

Er besteigt den Thron.

Zu Apollo und Pan.

Ihr tretet in die Mitte —
Ihr andern lagert euch zu beiden Seiten.

Musen und Faunen nehmen auf den Rasen-
bänken Platz.

Und nun lafst hören wem der Kranz gebührt!

APOLLO, zu Pan.

Du singst zuerst!

PAN.

Gut, weil du, wie es scheint,
Den Vortheil haben willst, nach mir zu
singen.

THALIA,
zu einer ihrer Schwestern.

Da wird es was zu lachen geben.

PAN,
mit viel Gestikulazion.

O Nymfe mit dem Lilienbusen,

Wie lange willst du grausam seyn?

Sieh wie dein Pan die ganze Nacht

An deinem Ufer sitzt und wacht,

Vom Mond bescheint,

Und seufzt und weint,

Und klagt dir seine Pein!

Wie kann dein Herz so fühllos seyn?

In einem solchen Busen?

So zart,

So fein,

Und doch so hart,

Als wär's in Stein

Verwandelt von Medusen!

KÖNIG MIDAS.

O bravo, bravo, Pan! Das nenn' ich singen!
Das heifst Musik! — *Ancora*, guter Pan!
Das mufst du uns noch einmahl bringen!

PAN,
mit Variazionen.

O Nymfe mit dem Lilienbusen,

    Wie kannst du unerbittlich seyn?

Ich spiel' auf meinem Haberrohr

So manch herzbrechend Lied dir vor,

    Und du, und du,

    Du lachst dazu,

Und höhnest meine Pein!

Wie kann dein Herz so fühllos seyn,

    Als wär's in Stein

    Verwandelt von Medusen?

    So warm, so zart

    Und doch so hart,

In einem solchen Busen!

KÖNIG MIDAS,
indem er ganz aufser sich vom Thron herab steigt.

Genug! genug! es ist nicht auszuhalten!
Er zieht sein Schnupftuch heraus und wischt
sich die Augen.

THALIA.

Ja wohl! die Nymfe muſs von Alabaster seyn,
Die so was hören kann und nicht zerschmilzt.

KÖNIG MIDAS,

den Gesang Pans nachahmend.

„O Nymfe mit dem Lilienbusen,“ —
Das nenn' ich reine Melodie!
Das heiſst Musik! — „Und du, und du,
Du lachst dazu!“ — Da ist Natur und
Ausdruck!

Die Musen können das Lachen nicht länger
zurück halten.

Was giebt's zu kichern? he? — Die När-
rinnen!
Zu lachen wo sie weinen sollten! Ha, ha, ha, ha!
Das hat kein Eingeweide, keine Seele!
Das schmeckt und fühlt nicht! — Basta!
. desto schlimmer
Für euch! — „Und du, und du,“ —

Zu Pan.

Ist nicht
Die Syrinx hier gemeint?

PAN.

Ja wohl! Die spröde Nixe hat
Mir leider! manches schöne Lied

Gekostet! — Wifst ihr was ihr Unglück
    war?
Sie liebte die Musik nicht. Ihrenthalben
Hätt' ich mich heifser singen können, — sie,
Sie hätte sich nicht s o viel drum beküm-
    mert.

K Ö N I G   M I D A S.

Ist's möglich? Was es doch für Leute giebt!
Kein musikalisch Ohr! kein Herz im Leibe!
Was sah'st du denn am Gänschen? — Doch,
    davon
Ein andermahl! Itzt mufs ich, Amtes halben,

die Achseln zuckend.

Auch deinem Gegentheil ein Ohr verleihen.
Wohlan, Apoll! Die Reih' ist nun an dir;
Der Sieg ist schwer — ich sage weiter
    nichts —
Doch, wenn du etwa eines andern dich
Besonnen hättest — wie du meinst, Apoll!

A P O L L O, lächelnd.

Der Sieg ist, wie ich seh', entschieden; · der
    Triumf
Fehlt noch allein; und diese Freude nicht
Dem Sieger zu verkümmern, will ich singen.
Der Richter spreche dann — wie er's ver-
    steht.

KÖNIG MIDAS.

Schon gut, schon gut!
So wie du geigen wirst, so werd' ich
tanzen.

Die Musen begleiten den Gesang Apollo's mit Flöten
und Saiteninstrumenten.

APOLLO.

Vom schlummerlosen Lager hob
Ismene sich, die lieblichste
Der Schäferinnen
An Ladons Ufer. Lange schlich ihr schon
Amynt, der schönste Hirt, vergebens
nach;
Gefühllos blieb bey seinem stillen Leiden
Die Schäferin.
Doch endlich überwältigt sie
Der Gott der Liebe, und am frühsten
Morgen
(Noch schien der Mond, noch schlief der
ganze Hain)
Ging sie mit leisem Tritt, verschämt und
schüchtern,
Dem Haine zu, wo unter dunkeln Myrten
Cytherens Marmorbild im blassen Lichte
Selenens glänzt.
Sie nähert sich, pflückt halb entfaltete,
Vom Morgenthau geschwellte Rosen, kränzt

Der Göttin Haare, bücket dann
Mit Wangen, die in schnellem Wechsel
bald
Der Purpurrose bald der Lilie gleichen,
Auf ihren Busen sich,
Und betet so zu Cyperns Königin:

Holde Königin der Liebe,

Nein, nicht länger soll Ismene

Deiner Allmacht widerstreben!

Göttin, kannst du ihr vergeben?

Laſs sie, laſs sie dich versühnen,

Diese erste stille Thräne

Hingeweint auf deine Brust!

O zu welchem neuen Leben,

Göttin, läſst du mich erwachen!

Konnt' ich je dir widerstreben?

O zu welchem neuen Leben,

Göttin, läſst du mich erwachen!

Alles scheint mir zuzulachen,

Alles athmet Götterlust.

THALIA,

zu einer der Musen.

Siehst du, Terpsichore, wie vor Ver-
gnügen
Sogar der Faunen lang gespitztes Ohr
Wollüstig wackelt?

KÖNIG MIDAS.

Hübsch! Nicht übel, in der That!
Ganz hübsch in seiner Art, ich muſs bekennen!
Doch freylich! — nimm es mir nicht übel,
Apollo! — zwischen Ihm und dir —
Ich denke wir verstehn uns? — Kurz und gut,
Pan ist mein Mann, und Ihm gebührt
der Kranz.

Er steigt vom Thron herab und setzt dem Pan
den Kranz auf.

KOR DER FAUNEN.

Wohl gesprochen! wohl gesprochen!
Das heiſst in den Ring gestochen!
Unser Richter Midas lebe!
Midas, der so weislich spricht,
König Midas leb'! Er lebe,
Und sein Same sterbe nicht!

APOLLO.

Dem weisen Spruch zu Folg' ist Pan gekrönt;
Mir lohnt der Musen und mein eigner Beyfall;
Und unbelohnet sollte nur
Der Richter, der so weislich sprach,
Von hinnen gehen? Nein! das soll er nicht!
Sein angebornes Ohr, das so gelehrt entschied,
Ist fürderhin für ihn zu klein.
Wir wollen ihn, zum Angedenken
An diesen Tag, mit einem Ohrenpaar,
Das seiner würdig ist, beschenken.

> Apollo berührt des Königs Haupt, und plötzlich dehnen
> sich seine Ohren zu Eselsohren von der ersten Gröfse aus.
> M u s e n und F a u n e n lachen überlaut.

KÖNIG MIDAS.

Was ist's? Was ist's? Was lacht man hier?

THALIA.

Glück zu dem schönen neuen Ohrenpaar,
Herr König Midas! — Sagtest du's nicht,
　　　　　　　　Faun,
Der lacht am besten, der am letzten lacht?

KÖNIG MIDAS,
sich an die Ohren greifend.

Beym Element! was soll die Schäkerey? .
Nehmt mir die Ohren ab!

APOLLO.

Sie sind nun dein,
Und weder Sterblicher noch Gott vermöchte sie
Dir wieder abzunehmen.

KÖNIG MIDAS.

Ey, ey, ey, ey!
Was soll die Schäkerey?
Nehmt mir die Ohren ab!

APOLLO.

Herr Aldermann, verzeih!

KÖNIG MIDAS.

Ey was! bey meinem Königsstab,
Wozu die Schäkerey?
Nehmt mir die Ohren ab!

APOLLO.

Herr Aldermann, verzeih!
Sie wieder abzunehmen
Das geht nicht an.

KÖNIG MIDAS, zu Pan.

Und du, Gevatter Pan,
Du läfst mich so beschämen?

PAN.

Ey! hat sich was zu schämen!
Sie stehen deiner Majestät
Nicht übel an.

KÖNIG MIDAS.

Ein Wort für zehn, mir steht
Die Schäkerey nicht an.

THALIA, DER FAUN.

Herr Aldermann, verzeih!
Die Ohren stehn dir an.

KOR DER MUSEN,
mit einer Verneigung.

Wir bitten nur, damit
Fürlieb zu nehmen.

KÖNIG MIDAS.

Verdammter Streich!
Ich möchte gleich
Vor Ärger bersten!

PAN, THALIA, DER FAUN.

Der lust'ge Streich!

Man möchte gleich

   Vor Lachen bersten!

PAN.

Gieb dich zufrieden, Freund, und statt zu
       murren

Sey stolz auf deiner Ohren Majestät!

Du bist dadurch wie unser einer worden,

Und mit Vergnügen nehmen wir dich auf

In unsern lang geöhrten Orden.

KOR DER FAUNEN.

Wohl gesprochen! Wohl gesprochen!

König Midas, hochgeboren,

Midas, unser Bruder, lebe,

Und mit seinen Ohren wachse

   Auch sein Nachruhm himmelan!

THALIA.

Weiser Midas, groſs von Ohren,

Nimm zu dieser neuen Würde

   Unsern warmen Glückwunsch an!

BEIDE KÖRE.

Lebe, Bruder } Midas, lebe!
        weiser

Trage leicht die neue Bürde,

Und mit deinen Ohren wachse

Auch dein Nahme himmelan!

Die Musen und Faunen schliefsen tanzend einen Kreis
um den König Midas. Der Vorhang fällt.

VERSUCH

ÜBER DAS

DEUTSCHE SINGSPIEL.

und einige dahin einschlagende Gegenstände.

Geschrieben im Jahre 1775.

I.

Herr Burney, dessen musikalische Reisen durch Frankreich, Italien und Deutschland einige Zeit so viel Aufsehens gemacht, wundert sich mit Recht, dafs er in allen Deutschen Landen, die er durchwandert, nirgends ein Deutsches lyrisches Theater angetroffen. Er erkennt, dafs die Ursache davon nicht in einem unsrer Nazion anklebenden Mangel an Fähigkeit oder Neigung zu den Musenkünsten zu suchen sey. In der That lieben wir Deutschen die Musik so gut als alle andere Völker in der Welt; sie macht schon längst einen Theil der öffentlichen und Privaterziehung bey uns aus; es ist schwerlich eine Deutsche Provinz, die nicht seit mehr als hundert Jahren Virtuosen auf allen Arten der Instrumente hervorgebracht hätte; und die berühmten Nahmen Kayser, Telemann, Händel, Hasse, Graun, Bach, Gluck, Naumann, Hayden, und so manche andere, machen eine Reihe von Komponisten unsers Jahrhunderts aus, die wir (um das wenigste zu sagen) den gröfsten gleichzeitigen, auf welche Italien stolz ist, zuversichtlich entgegen stellen können. Wahr ists, der vornehmste und wesentlichste Theil der Musik, der Gesang, ist bisher am meisten unter uns vernachlässiget worden; aber man kann sich allenthalben durch die Erfahrung leicht überzeugen, dafs auch hieran die Natur keine Schuld hat, und dafs es nur auf die gehörige Ermunterung und auf gewisse Veranstaltungen ankäme, um in wenigen Jahren Sänger und Sängerinnen von der besten Art, vielleicht in so grofser Menge zu haben, als das musikalische Italien selbst. Wohl eingerichtete Singschulen, unter der Aufsicht geschickter Meister, würden Wunder thun; und wie leicht würde es den Fürsten und den Obrigkeiten der vornehmsten Reichsstädte seyn, wenn sie nur wollten, [1]

---

[1] Wenn sie nur wollten — da liegt eben die Schwierigkeit! Wer soll ihnen den Willen machen, wenn sie nicht wollen? Vielleicht würden sie diesen Willen bald bekommen, wenn sie von der Wichtigkeit der Musik nur halb so richtige Begriffe hätten als Plato oder die Griechischen Gesetzgeber! — Das Unglück ist, dafs die meisten, die

durch Abstellung alter Mifsbräuche, durch
neue, bessere Einrichtungen, durch einige
Aufmunterung patriotischer und vom Genius
ihrer Kunst ohnehin schon erwärmter Ton-

mitregieren oder regieren helfen, Musik, Poesie,
Schauspiel und schöne Künste überhaupt nur
als zeitvertreibende Künste, deren Zweck blofs
Augen - und Ohrenkitzel sey, betrachten, und (entweder aus Vorurtheilen einer pedantischen Erziehung,
oder Mangel an Fähigkeit ein wenig tiefer in den
Zusammenhang der menschlichen Dinge hinein zu
schauen) nicht einsehen, was für allvermögende,
unerschöpfliche Kräfte zur Vervollkommnung der
Menschheit in diesen Künsten liegen. An
Büchern, woraus diefs zu lernen wäre, fehlt es zwar
nicht; aber wer unter ihnen liest sie? Wer unter
ihnen interessiert sich stark und anhaltend genug für
das Schöne und Gute, um über solche Gegenstände
zu meditieren, und sich dadurch zu überzeugen, dafs,
so lange die Menschen — Menschen seyn werden,
die Mitwirkung der Musenkünste zur Beförderung
der Humanität unentbehrlich bleiben wird. Man
sieht, wie die alte, kaum hier und da in engere
Grenzen getriebene Barbarey den Kamm wieder empor
hebt, und bekümmert sich nichts darum. Man sieht
einzelne Privatmänner, oder Privatgesellschaften, meistens unaufgemuntert, alle ihre Kräfte anstrengen,
der tausendköpfigen Hyder entgegen zu arbeiten, und

künstler, mit sehr geringem Aufwand auch in diesem Fache die Reste der uralten Barbarey aus Germanien zu vertreiben, und den guten Gesang — dieses sichre Kennzeichen eines gefühlvollen und gesitteten Volkes — unter uns allgemein zu machen!

Viele, sonderlich unter dem edel gebornen Theile der Nazion, die sichs sonst (ihren Stammbaum und ihre angeborne Anwartschaft an Würden, Präbenden und Fürstenhüte ausgenommen) zur Ehre rechnen, in Grundsätzen, Sitten und Sprache keine Deutsche zu seyn, haben sich bereden lassen, und sind zum Theil noch immer sehr eifrig, es andern auch weiſs zu machen, daſs die Deutsche Sprache sich nicht zum Singen schicke. Auch hierüber ist Burney einer ganz andern Meinung;

bekümmert sich nichts darum. Man läſst sich die Folgen einer solchen Gleichgültigkeit vorzählen, vorbeweisen, vorsingen und vorsagen, und bekümmert sich nichts darum. — „Das Jahr 2440 wird alles gut machen.“ — So sey es denn! Heil dem, der diese wundervolle Wiederkunft des goldnen Alters — diese groſse Wirkung ohne Ursache — erleben wird. Wir andern mögen uns unterdessen, wie Endymion, an Träumen laben!

und sein Urtheil verdient unsre Aufmerksamkeit um so mehr, da er weder unsre
Sprache genug versteht, um ihre ganze Schönheit zu kennen, noch die mindeste Gelegenheit giebt, einer vorgefafsten Zuneigung für
Deutschland beschuldiget zu werden; er, der
uns in seinem Buche noch lange nicht einmahl blofse Gerechtigkeit widerfahren
liefs. „Ich erstaunte, (sagt er) da ich fand,
dafs die Deutsche Sprache, trotz ihrer häufi-
gen Konsonanten und Gutturalen, sich besser
zur Musik schickt, als die Französische." —
Und wo fand er diefs? Der gute Doktor
Musikus würde weniger erstaunt seyn, und
die Sprache, welche Kaiser Karl der Fünfte
(freylich auch kein Deutscher, wiewohl
König in Germanien!) nur mit seinem
Pferde wiehern wollte, in einem sehr
hohen Grade musikalisch gefunden haben,
wenn er die besten Lieder eines Hagedorn,
Gleim, Utz, Weisse, Jakobi, Bürger,
Hölty, und die Kantaten eines Ramler
oder Gerstenberg hätte lesen und ganz
empfinden können.

Doch, dieses Vorurtheil, das sonst in
Deutschland selbst dem Fortgang unsrer lyrischen Poesie, oder unsers Gesangs, (denn
was ist lyrische Poesie, die nicht gesungen
wird?) am meisten im Wege stand, ist nun

beynahe verschwunden, oder wird sich wenigstens nicht mehr lange gegen das unver-
werfliche Zeugnifs unsrer Sinne halten können. Erst werden wir hören und fühlen,
dafs Deutsche Dichter und Deutsche Komponisten mit Deutschen Gesängen unsre Seelen
bezaubern, und alles mit unserm Herzen
machen werden was sie wollen. Dann werden spekulative Köpfe kommen, und unter-
suchen, wie das zugehe; und werden —
zu grofser Verwunderung der ehrlichen Deutschen — finden, dafs ein Theil dieser Wirkungen auf Rechnung ihrer Sprache selbst zu
setzen sey; die zwar nicht so weich, nicht
so voll reiner Sylben in A, E und O, als die
Wälsche, aber, trotz irgend einer andern
Sprache, mit einem Überflufs der klangreich-
sten Worte versehen ist, alle mögliche Gegenstände der musikalischen Nachahmung zu
mahlen, alle Bewegungen in der Natur, und
folglich alle Empfindungen und Affekten des
menschlichen Herzens, (wozu jene die B i l d e r
hergeben) die sanftesten und zärtlichsten so
wohl als die donnernden und stürmenden,
mit der gröfsten Wahrheit und Stärke auszu-
drucken.

Es ist also weder der Mangel an musikalischem Genie bey der Deutschen Nazion,
noch die Unsingbarkeit unsrer Sprache, was

dem Wunsche, unter dem Schutz eines Deutschen Musageten ein Deutsches Odeon, einen Tempel Deutscher Musen, errichten zu sehen, im Wege steht. Es ist ein andres Vorurtheil, das die lyrischen Schauspiele selbst betrifft; nehmlich, die beynahe allgemein herrschende Meinung, dafs die so genannte *Opera seria* ein Werk der Feerey seyn müsse, worin alle schönen Künste mit einander in die Wette eifern, die vollkommenste Befriedigung der Augen und Ohren äufserst sinnlicher und verzärtelter Zuschauer hervorzubringen; oder, (um ungefähr das nehmliche mit den Worten des Grafen Algarotti zu sagen) „dafs in der Oper Poesie, Musik, Deklamazion, Tanzkunst und Mahlerey, alle ihre anziehendsten Reitzungen vereinigen müfsten, um den Sinnen zu schmeicheln, das Herz zu entzücken, und die Seele durch die angenehmsten Täuschungen zu bezaubern." — So lange man diesen Begriff mit dem Wort Oper verbindet, werden freylich nur sehr wenige Fürsten in Europa reich genug seyn, ein so kostbares Schauspiel zu haben, oder in die Länge auszuhalten; und dafs bey diesen Wenigen die Deutsche Sprache die Italiänische jemahls aus ihrem verjährten Besitz des lyrischen Theaters verdrängen werde, wird sich wohl niemand einfallen lassen.

Aber warum sollten denn jene Dinge,
die man sich als wesentliche Stücke und
unentbehrliche Erfordernisse des Singspiels
zu betrachten angewöhnt hat, nicht eben so
wohl als blofse Nebensachen betrachtet werden können? — Wir wollen nicht über
Worte streiten. Lassen wir immer, wenns
darauf ankommt, die Italiänische und Französische Oper im Besitz dieses wunderbaren
Nahmens, und aller Vorzüglichkeiten, die
man damit verbinden will; und fragen wir
uns dagegen lieber: ob wir nicht mehr
Ehre davon hätten, wenn wir die Schöpfer
einer neuen und interessantern Art von
Schauspielen wären; nehmlich eines Singspiels, welches, ohne viel mehr Aufwand
zu erfordern als unsre gewöhnlichen Tragödien, durch die blofse Vereinigung der
Poesie, Musik und Akzion, uns einen
so hohen Grad des anziehendsten Vergnügens geben könnte, dafs kein Zuschauer, der
ein Herz und ein Paar nicht allzu dicke
Ohren mitbrächte, sollte wünschen können,
seinen Abend angenehmer zugebracht zu
haben.

Eine Oper nach dem bisher herrschenden Begriff ist ein zu kostbares Vergnügen
für die meisten Fürsten Germaniens, und
selbst für die volk - und geldreichsten unsrer

freyen Städte. Ein Singspiel hingegen, nach
dem Begriffe, den ich mir davon mache,
würde so wenig Aufwand erfordern, dafs
auch die mittelmäfsigste Stadt in Deutschland, bey etwas mehr Aufmerksamkeit auf
die Verbesserung· ihres Musikwesens als man
bisher für nöthig gehalten hat, vermögend
wäre, ihren Bürgern, anstatt jener noch im
Schwange gehender bürgerlicher oder
anderer noch abgeschmackterer Schauspiele, wenigstens zu gewissen festlichen
Zeiten des Jahres, ein öffentliches Vergnügen von der edelsten Art, und gewifs nicht
ohne nützlichen Einflufs auf Geschmack und
Sitten, zu verschaffen. Etliche wenige vor-
treffliche Musikschulen würden eine Menge
guter Meister hervorbringen, welche, durch
Deutschland verstreut, jeder an seinem Orte
wieder gute Schüler und Schülerinnen bilden
würde; und ein einziges, unter dem Schutz
eines Deutschen Perikles blühendes Odeon,
auf welchem Singspiele dieser Art, in einem
über das Mittelmäfsige sich erhebenden Grade
der Ausführung, öffentlich gegeben würden, würde, als das Muster, dem andre mit
mehr oder minder Kräften nahe zu kommen suchten, hinlänglich seyn, den guten
Geschmack in diesem Fache durch ganz
Deutschland auszubreiten.

Unbekümmert, ob vielleicht manche diesen Vorschlag als eine Dichtergrille mit Nasen-
rümpfen oder Hohnlächeln empfangen werden, glaube ich den Liebhabern der musikalischen Künste (wie man nach Platons Beyspiel, aufser der eigentlich so genannten Musik, alle mit derselben verwandte oder
ihres Beystands bedürfende Künste, und also
vornehmlich Poesie, Deklamazion und Panto-
mimik nennen könnte) vielleicht keinen unan-
genehmen Dienst zu erweisen, wenn ich
ihnen über diese gewisser Mafsen neue Gattung von Singspiel, und über die Mittel,
wodurch es vielleicht zur ergetzendsten und
herzrührendsten aller Schauspielarten gemacht
werden könnte, meine Gedanken etwas aus-
führlicher mittheile.

————— ⹀

‚ II.

Es ist bekannt, dafs die grofse Oper der
Italiäner und Franzosen schon längst von den
angesehensten Kunstrichtern in Wälschland,
Frankreich, England und Deutschland, für
eine ungeheure Mifsgeburt des schlimmsten
Geschmacks erklärt, und als eine solche mit
unerbittlicher Strenge vom Parnafs verbannt
worden ist.

Algarotti selbst, der schon vor gerau-
mer Zeit, in der Absicht das lyrische Theater
zu reformieren, einen lesenswürdigen Versuch über die Oper bekannt gemacht
hat, gesteht nicht nur die Wahrheit der
meisten und wichtigsten Vorwürfe, welche
der Oper gemacht worden, willig ein; er
treibt solche sogar noch weiter als irgend
einer von seinen Vorgängern. „Die Oper,
(sagt er) die ihrem ursprünglichen Wesen
nach der Tragödie der Alten am nächsten kommen sollte, bleibt (wie die Erfahrung
zeigt) in ihrer Wirkung unendlich weit

unter derselben; und wie könnte diefs anders
seyn, da weder der Dichter, noch der Komponist, noch der Schauspieler, noch der
Dekoratör ihre wahre Schuldigkeit dabey
thun? Man bekümmert sich wenig um eine
gute Wahl des Süjets; noch weniger
um die Übereinstimmung der Musik
mit den Worten, und ganz und gar
nicht um die Wahrheit des Gesangs
und Recitativs, um die Verbindung
der Tänze mit der Handlung, und um
die Schicklichkeit der Dekorazionen.
Alles diefs wohl erwogen, was ist begreif-
licher, als dafs ein Schauspiel, das seiner
Natur nach das angenehmste unter allen seyn
sollte, das abgeschmackteste und langweiligste
wird? Man hat es blofs der wenigen Eintracht beyzumessen, die unter den verschiedenen Theilen, woraus es zusammen gesetzt
ist, herrscht. Daher kommt es, dafs ihm
nicht der geringste Schatten von Nachahmung übrig bleibt; daher, dafs die Täuschung, die blofs durch das Zusammentref-
fen aller dieser Theile hervorgebracht werden könnte, gänzlich wegfällt, und also diese
Oper, die das Meisterstück des menschlichen
Schöpfergeistes seyn sollte, in ein nerven-
loses, ungereimtes, groteskes Ungeheuer aus-
geartet ist, das die schimpflichen Beynahmen
völlig verdient, womit es von einem St.

Evremond, Dryden, Addison, John-
son und andern belegt worden ist."

Es gehört nicht zu meiner dermahligen
Absicht, mich in eine Untersuchung einzu-
lassen, in wie weit diesen Klagen des Grafen Algarotti, entweder durch den Einfluſs
seiner Abhandlung oder aus andern Ursachen,
seither abgeholfen worden, oder in wie fern
sie noch immer bestehen. Unläugbar würde
es eben so ungerecht seyn, die Vorwürfe, die
er den Italiänischen Opern seiner Zeit macht,
auf alle Komponisten und Sänger ohne Unterschied auszudehnen, als es unbillig wäre, nicht
zu gestehen, daſs, nachdem gewisse Miſsbräuche sich einmahl eingeschlichen und fest
gesetzt hatten, es nicht immer in der Gewalt
des Komponisten, wie viel Genie, Einsicht
und Geschmack er auch besitzen mochte,
stehen konnte, seiner Einsicht und seinem
Geschmack in allem zu folgen. Indessen fehlt
doch unläugbar noch sehr viel daran, daſs
Algarotti's abgezweckte Reformazion wirklich Statt gefunden, und die Miſsbräuche,
über die er so bittere Klagen führt, gänzlich
vom lyrischen Theater verdrängt seyn sollten; und man sieht also, in wie fern ich
das Singspiel, welches ich meinen Landsleu-
ten anpreisen möchte, eine neue Gattung
nenne. Es soll nehmlich diesen Nahmen nicht

sowohl darum, weil es in seiner Art ein-
facher ist, und ungleich weniger Aufwand
erfordert, 2) sondern vornehmlich defswegen
verdienen, weil es, frey von allen Fehlern,
welche Algarotti mit allen Vernünftigen den
Opern vorwirft, alle die Eigenschaften in sich

2) Der gröfsere oder kleinere Aufwand hängt
weniger von der Natur des Singspiels und der Wahl
des Stoffes, als von dem Willen und den Kräften
des Unternehmers ab. Das allersimpelste Stück kann
durch Pracht der Kleider und Dekorazionen kostbar
gemacht werden. Auch benimmt das Singspiel, das
ich vorschlage, niemanden hierin seine Freyheit.
Meine Meinung ist blofs, dafs Poesie, Musik und
Akzion in demselben das Meiste thun sollen, um
den Zweck (den ich nicht in die Bezauberung der
Sinne, sondern in mächtige Rührung des Herzens setze) zu erhalten. Kleider und Dekorazion
sollen nur die Täuschung befördern helfen,
ohne welche jener Zweck nicht gehörig erreicht
werden könnte; und diefs können sie, (wenigstens
in vielen Fällen) ohne sehr kostbar zu seyn.
Glucks Ifigenie darf nur vortrefflich singen, und
uns durch ihre Gestalt, Miene und Akzion die
Ifigenie des Dichters darstellen, so wird sie uns
in einem simpeln Altgriechischen Kleide von weifser
Seide eben so stark, und ohne Zweifel noch weit
stärker rühren, als wenn sie in einer reich gestickten
Robe daher geschwommen käme.

vereiniget, die dieser echte Kenner mit Grund als zum Wesen des Singspiels gehörend ansieht, aber in den meisten Opern fast gänzlich vermifst.

Das Singspiel, in so fern es ein dramatisches Werk ist, hat alle wesentlichen Eigenschaften eines solchen mit allen andern Arten von Schauspielen, und in so fern es der Tragödie der Alten, besonders der Euripidischen, näher kommt, als irgend eine andre moderne Gattung, — Endzweck und Mittel mit dieser letztern gemein. Hingegen unterscheidet es sich — wo nicht von der Griechischen Tragödie, als welche aller Wahrscheinlichkeit nach selbst eine Art von Singspiel war — doch von allen übrigen heutiges Tags üblichen dramatischen Gattungen, durch den wesentlichen Umstand, dafs alles, was in diesen blofs Rede oder Pantomime, im Singspiele Gesang und Instrumentalmusik, — oder mit Einem Worte, dafs die Musik gleichsam die Sprache des Singspiels ist.

Leute, welche vermuthlich von der Natur mit einem' gröfsern Antheil von kalter Vernunft als feinem Gefühl und musikalischem Sinn ausgesteuert worden, haben gerade diese Eigenschaft, die das Singspiel —

zum Singspiel macht, für höchst unnatürlich
angesehen, und blofs aus dieser Ursache die
Gattung selbst, als ganz widersinnig und wahre
Täuschung hervorzubringen unfähig, verworfen. Das unwidersprechliche Zeugnifs
ihrer Sinne würde sie, wenn sie sogar auf
einem Italiänischen Theater eine *Didone abandonata* gesehen und gehört hätten, überwiesen
haben, dafs eine singende und mit Instrumenten begleitete Heldin r ü h r e n kann. Aber
auch ohne das hätten sie sich durch eine
kleine Reflexion überzeugen können, dafs ihr
Beweisgrund nicht Stich halte, weil er z u
v i e l und w i d e r s i e s e l b s t beweist. Denn
die nehmlichen Kunstrichter — die das Singspiel als ein unnatürliches Ungeheuer verbannt
wissen wollten, weil niemand mit sich selbst
und andern singend zu reden oder seine Leidenschaften, Bedürfnisse und Entschliefsun-
gen in grofsen Arien auszudrücken pflegt —
müfsten aus eben demselben Grunde nicht
nur die sämmtlichen Schauspiele der A l t e n,
sondern auch die moderne Französische und
Engländische Tragödie in gereimten und nicht
gereimten Versen, ja überhaupt alle Schauspiele schon aus dem einzigen Grunde ver-
werfen, weil es unnatürlich und widersinnig
ist, dafs Leute von ihren wichtigsten und
geheimsten Angelegenheiten mit sich selbst
oder ihren Vertrauten in Gegenwart einiger

hundert Zuhörer, die ihnen unmittelbar vor der Nase sitzen, sprechen, und sich dennoch einbilden sollten, daſs sie allein seyen, und dergleichen mehr. Jede Schauspielart setzt einen gewissen bedingten Vertrag des Dichters und Schauspielers mit den Zuhörern voraus. Die letztern gestehen jenen zu, daſs sie sich, in so fern man ihnen nur wahre Natur in Karaktern, Leidenschaften, Sitten, Sprache, Handlung, Verbindung der Ursachen und Wirkungen, und so weiter darstellen werde, durch nichts andres, was entweder eine nothwendige Bedingung der theatralischen Vorstellung ist, oder blofs des mehrern Vergnügens der Zuschauer wegen dabey eingeführt worden, in der Täuschung stören lassen wollen, welche jene Darstellung zu bewirken fähig ist. Beym Singspiele treten Dichter, Komponist und Sänger vor uns hin, und sagen: „Wir wollen einen Versuch machen, wie weit wir es vereinigt bringen können, euch eine interessante dramatische Fabel bis zum möglichsten Grade der Täuschung darzustellen. Wir sind keine so grofse Thoren, euch weifs machen zu wollen, daſs Ifigenia, oder Dido, oder Alceste, wirklich nach Noten singend, unter Begleitung von Bässen, Violinen, Flöten und Hoboen, gestorben seyen; wir verlangen nicht von euch, daſs ihr poetische, musikalische und dramatische Nachahmung,

und ein dadurch entstehendes Ideal für die
Natur selbst halten sollt. Der Mahler, der
euch die Opferung der Ifigenia, auf ein Stück
Leinwand gemahlt, in einem schön geschnitz-
ten und vergoldeten Rahmen hinstellt, verlangt nicht, daſs ihr glauben sollt, seine Ifigenia, sein Agamemnon, sein Kalchas, leben
und athmen in vollem Ernst; ihm genüget
vollkommen, wenn sie euch, trotz eurer Über-
zeugung daſs sie nur gemahlt sind, zu leben
und zu athmen scheinen. Gesteht unsern
zu euerm Vergnügen verbundenen Schwester-
künsten das nehmliche Recht zu. Wenn wir
es in gewissen entscheidenden Augenblicken
bis zur Täuschung eurer Fantasie bringen,
euer Herz erschüttern, eure Augen mit Thränen erfüllen, — so haben Wir was wir
wollten, und verlangen nichts mehr. Warum
solltet Ihr mehr verlangen?" Ich denke,
dieſs ist ein Antrag, gegen dessen Billigkeit
nichts einzuwenden ist.

Wir werden in der Folge noch einen
andern, tiefer aus der Natur hervor gezogenen
Grund entdecken, aus welchem sich das Singspiel gegen den Vorwurf der Ungereimtheit
vertheidigen läſst; oder, richtiger zu sprechen,
wir werden in der Natur selbst den Grund
der unläugbaren Begebenheit, „daſs eine singende, und von Geigen, Flöten und so weiter

akkompagnierte Ifigenia oder Alceste uns bis zu Thränen rühren kann," entdecken. Bis dahin ist das, was wir hierüber schon gesagt haben, völlig zulänglich, den Satz zu befesti- gen: daſs das Singspiel, als T r a g ö d i e oder r ü h r e n d e s D r a m a betrachtet, und in so fern als es den grofsen Zweck der Täuschung und innigen Theilnehmung auf Seiten der Zuschauer wirklich zu erreichen fähig ist, seinen Platz unter den verschiedenen dramati- schen Gattungen mit Fug und Recht behaupte.

Die Frage ist also nun: wie das Singspiel beschaffen seyn müsse, um jenen Zweck zu erreichen? Und diese Frage wird sich hin- länglich beantwortet finden, wenn wir zei- gen, 1) was der D i c h t e r in der Wahl und Behandlung seines Stoffs zu beobachten habe, und 2) was für Pflichten dem K o m p o n i s- t e n obliegen, um das Werk und den Zweck des Dichters mit allen Kräften seiner Kunst zu unterstützen, und also das, was Poesie und Tonkunst v e r e i n i g t vermögen, wirk- lich im möglichst hohen Grade bey den Zuhö- rern hervorzubringen.

III.

Algarotti's an sich selbst richtiger Begriff
vom Singspiele, dafs es unter allen modernen
Schauspielen der Griechischen Tragödie
am nächsten komme, würde uns, in Absicht
auf die Wahl des Stoffes (*Sujets*) irre
führen, wenn man daraus folgern wollte,
dafs alle Sujets, die sich für die Tragödie
schicken, auch dem Singspiel angemessen
wären. Verfassung, Sitten, Religion, Nazio-
nalkarakter, Interesse, Umstände, alles ist
bey uns so sehr anders als bey den alten
Griechen, dafs es schwerlich einem Vernünftigen einfallen könnte, unser Singspiel gänzlich auf den Fufs der alten Tragödie setzen
zu wollen. Aufserdem kommt hierbey auch
der unendliche Unterschied zwischen der
Musik der Alten und der unsrigen in
Betrachtung. Wie unvollkommen auch bey
allem, was die gelehrtesten Musikverständi-
gen hierin geleistet haben, unsre Begriffe von
der wahren Beschaffenheit der ausübenden
Musik der Alten sind, so scheint doch so

viel unläugbar zu seyn, daſs unsre heutige
Musik, so wie sie seit den Zeiten des
berühmten Gaudimel durch so viele groſse
Italiänische, Deutsche und andere Meister
nach und nach bearbeitet worden, einen Grad
der Vollkommenheit erreicht habe, wovon
die Alten gar keinen Begriff hatten. Dieser
für uns so vortheilhafte Vorzug auf einer
Seite, und auf der andern der Umstand, daſs
wir eine Tragödie haben, wo die bloſse
natürliche Deklamazion, durch Akzion unter-
stützt, ohne Hülfe der Musik alles thut,
giebt uns einen sehr entscheidenden Grund,
nur solche Stoffe für dem Singspiel angemessen zu erkennen, welche der musikalischen Behandlung vorzüglich fähig sind.
Man könnte freylich (wie ein gewisser Tonkünstler sich dessen einst vermaſs) auch den
Altonaer Postreiter in Musik setzen; aber
daraus, daſs sich alles komponieren läſst,
folgt noch nicht, daſs man alles komponieren soll.

Die Musik ist die Sprache der Leidenschaften. Man lasse immer das Süjet eines
Singspiels sehr wichtig seyn, und dem Dichter groſse moralische Karakter, erhabene
Gesinnungen, edle Kämpfe zwischen Tugend
und Leidenschaft, und also viele Gelegenheit
darbieten, unser Gemüth mit schönen sittlichen

Idealen zu ergetzen, und eine Menge feiner
Sentenzen anzubringen: so bald das Süjet
politisch, und der Held des Stücks ein
Staatsmann ist, — wie zum Beyspiel The-
mistokles, oder gar ein Stoiker, wie
Kato von Utika, — so werden weder
Komponist, Sänger noch Zuhörer ihre Rechnung dabey finden. Um diese einiger Mafsen
zufrieden zu stellen, wird der Dichter alsdann
genöthiget seyn, dergleichen mehr tragische
als lyrische Dramen durch episodische Liebes-
intriguen, so zu sagen, musikalischer zu
machen, im Grunde aber sie dadurch abzu-
würdigen, und ein Werk hervorzubringen,
dem man durch Vergleichung mit Horazens
schönem Ungeheuer nicht grofs Unrecht thun
würde. Stücke, in welchen vermöge der
Natur des Stoffes viel Staatsinteresse räsoniert
wird, oder wo die Personen lange Dialogen
oder Reden zu halten haben, um einander
durch die Stärke ihrer Gründe zu überzeugen, oder durch den Strom ihrer Beredsam-
keit hinzureifsen, sollten also vom lyrischen Theater gänzlich ausgeschlossen
werden.

Aber auch nicht alle Leidenschaften
schicken sich gleich gut dazu, durch Gesang
und Musik gehörig ausgedruckt und karakte-
risiert zu werden. Unstreitig kann die schöne

Rede der Dido, (in Metastasio's *Didone abandonata*, *Atto II. Sc. 7.*) die sich auf eine so innigst rührende Art mit den Worten endigt:

> — *e puoi lasciarmi?*
> *Ah non lasciarmi, nò,*
> *Bel Idol mio!*
> *Di chi mi fiderò*
> *Se tu m' inganni?*

unstreitig kann sie durch den musikalischen Vortrag nicht anders als gewinnen. Aber können wir glauben, dafs die Rede des August, der dem Cinna (des Korneille) sein Verbrechen vorhält und vergiebt, in ein Recitativ mit oder ohne Akkompagnement verwandelt, auch dadurch gewinnen würde? — Der Abschied der sterbenden Alceste:

> O mütterliches Land, o Schwester, o Gemahl,
> Zum letzten Mahl, zum letzten Mahl
> Sieht euch Alceste, u. s. w.

thut durch die Musik eine grofse Wirkung; einen so sanften schönen Tod, als Alceste stirbt, kann man schon singend sterben. Aber die Rasereyen, die Verzweiflung der sterbenden Kleopatra in Korneillens Rhodogune würden durch den musikali-

schen Ausdruck und Vortrag entweder so sehr
verschönert werden, daſs Kleopatra, gegen die
Absicht des Dichters, uns Thränen ablockte;
oder der Komponist, wenn er mit dem
Dichter ringen wollte, würde unsre
Ohren durch ein unleidliches Miſsgetön mar-
tern, und die Sängerin würde, anstatt zu
singen, heulen müssen.

Die Musik — dieſs ist, däucht mir,
hierin das groſse entscheidende Naturgesetz! —
die Musik hört auf Musik zu seyn, so bald
sie aufhört Vergnügen zu machen. Alles
zu verschönern, was sie nachahmt, ist ihre
Natur. Der Zorn, den sie schildert, ist
der Zorn des Engels, der den aufrühri-
schen Satan in den Abgrund stöſst; ihre
Wuth ist die Wuth der Liebesgöttin
über den eifersüchtigen Mars, der ihren Adonis getödtet hat. Die Wuth des Ödip, der
sich in seiner Verzweiflung die Augen aus-
reiſst und dem Tage seiner Geburt flucht,
ist ihr untersagt. Alle Gegenstände, die keine
gebrochene Farben erlauben, alle wilden
stürmischen Leidenschaften, die nicht durch
Hoffnung, Furcht oder Zärtlichkeit gemildert
werden, liegen auſser ihrem Gebiet.

Ich sage dieſs nicht ohne Furcht zu
viel gesagt zu haben, und der Allmacht dieser

göttlichen Kunst engere Grenzen zu setzen,
als sie vielleicht wirklich hat. Wer kann
bestimmen, wie hoch ein Komponist, der
unter den Tonkünstlern das wäre, was
Michael-Angelo unter den Mahlern, —
ein Gluck oder Hayden, den Ausdruck
und die Nachahmung der Natur mit glück-
lichem Erfolg treiben könnte? — Indessen
ist doch gewifs, dafs eben diese Natur
selbst einer jeden Kunst Grenzen gesetzt hat,
welche zu überspringen sie nicht versuchen
soll; und der Verwegene, der es versucht,
kann schwerlich anders als verunglücken.
Der Dichter soll die Schönheit der Helena,
die der Mahler unsern Augen darstellt, durch
ihre Wirkung auf ihre Anschauer wie
Homer, nicht durch eine Beschreibung im
Geschmack des Dares und Nonnus schil-
dern. — Der Mahler soll sich nicht unter-
fangen, den Kampf der Tugend und Ehre
gegen eine schändliche aber unfreywillige
Leidenschaft im Herzen einer Fädra mit
dem Euripides in die Wette mahlen zu
wollen; und der Tonkünstler sollte nie
vergessen, wenn er schaudern macht, dafs
es nicht der Schauder einer Gabriele de
Vergi, indem sie das in Blut schwimmende
Herz ihres Liebhabers aufdeckt, — und,
wenn er unsre Augen mit Thränen füllt,
dafs es nicht schmerzliche, sondern

wollüstige Thränen, Thränen der Freude,
der Liebe, der zärtlichen Überwallung eines
innigst gerührten Herzens seyn müssen.

Wenn diese Betrachtung die Ödipe, die
Atreen, die Fayels, und vielleicht die
meisten eigentlich tragischen Helden vom
lyrischen Schauplatz ausschließt: sollte nicht,
aus einem andern, aber eben so treffenden
Grunde, ein mit Handlung überlade-
nes, oder in einen allzu künstlichen
Knoten verwickeltes Stück sich zur
musikalischen Behandlung eben so wenig
schicken, als ein äußerst tragisches? — Ich
gebe zu, daß wenig Handlung auch selbst
das lyrische Drama matt und einschläfernd
machen wird, wenn der Dichter und der
Komponist das nicht sind und nicht geleistet
haben, was sie sollen.   Aber dieser letzte
Fall ändert nichts in der Theorie, die sich
auf die Natur der Sache, nicht auf zufällige
Umstände gründet.   Die möglichste Einfalt
im Plan ist dem Singspiel eigen und
wesentlich.   Handlung kann nicht gesungen, sie muß agiert werden: je mehr Handlung also, je weniger Gesang.   Viel uner-
wartete Ereignisse, viel Verwirrung, viel
episodische Scenen und so weiter, geben
freylich dem Stücke mehr Mannigfaltigkeit,
und können es vielleicht einer Gattung von

Zuhörern angenehm machen, die den Lärm lieben, und zu flüchtig sind, auch bey den interessantesten Gegenständen zu v e r w e i - l e n : aber die Musik gewinnt nicht dadurch, und der gefühlvolle Zuhörer noch weniger. Welches sind die Scenen, wo der Komponist seinem Genie einen freyen kühnen Flug erlauben, wo die Musik ihre ganze seelen- bezwingende Macht ausüben kann, wo wir ganz Ohr, ganz Gefühl sind, wo unsre Herzen sich erhitzen, glühen, schmelzen? Sind es nicht diejenigen, wo der Dichter und der Tonkünstler, mit vereinigten Kräf- ten, uns von einer Empfindung zur andern, einer Stufe des Affekts zur andern, mit sich fortreifsen, und nicht eher ablassen, bis sie uns in eben dieselben Bewegungen gesetzt haben, wovon die handelnden Personen selbst durchdrungen sind? Sind es nicht alsdann nur wenige Worte, oft nur ein einziges Wort, ein Ton, ein Blick, eine Bewegung mit der Hand, die uns das Herz umkeh- ren? — Und wie kann eine so kleine Ursache so grofse Wirkung thun? Blofs darum, weil unsre Seelen stufenweise dazu vorbereitet, erweicht, und, so zu sagen, unvermerkt untergraben worden sind! Es gehört oft eine lange Reihe von vorbereiten- den Vorstellungen und Empfindungen dazu, um einem einzigen grofsen Schlag, den der

Dichter an unser Herz thun will, seine volle
Kraft zu geben. Hat in einem musikalischen
Drama der Dichter oder der Komponist diese
geheimen Anstalten vernachlässiget, so muſs er
sich nicht befremden lassen, wenn er uns bey
einer Stelle gleichgültig bleiben sieht, welche
die gröſste Wirkung hätte thun sollen.

Eine ausgeführte Behandlung und Ent-
wicklung der Affekten scheint also auf eine
ganz besondere Weise zum Wesen des Singspiels zu gehören. Aber diese ist bey einem
sehr zusammen gesetzten, verwickelten und
intriguenvollen Süjet dem Dichter selten oder
gar nicht möglich. Er hat alsdann nicht Zeit,
uns so tief in das Innerste seiner Personen
schauen zu lassen. Er kann uns nicht in diese
genaue Bekanntschaft mit ihnen setzen, die
das Interesse so sehr verstärkt, und uns einen
ungleich lebhaftern Antheil an ihren Empfindungen nehmen läſst, als wir an den blofsen
Begebenheiten und Handlungen von Personen
nehmen können, die uns ohne eine solche
vertrautere Bekanntschaft immer fremd bleiben, wiewohl wir sie alle Augenblicke sehen
und hören. Ist es aber des Komponisten
Schuld, wenn ein solches Stück wenig Wirkung thut? Was bleibt ihm übrig, als darauf
bedacht zu seyn, wie er durch alle die Hülfs-
quellen, die ihm die Melopöie und Harmonie

darbieten, durch künstlich ausgeführte Sätze, schimmernde Arien, überraschende Passagen, koncertierende Instrumente, und dergleichen, wenigstens den Ohren der Zuschauer genug thun möge, da er so wenig Hoffnung vor sich sieht, ihrem Herzen beyzukommen.

Die Meinung, daſs der Stoff des Singspiels aus der Region des Wunderbaren hergenommen seyn müsse, und zwar aus der Ursache, weil im Singspiel Alles Musik ist, scheint mir nicht viel mehr Grund vor sich zu haben, als wenn man den Kupferstecher auf wunderbare Gegenstände einschränken wollte, weil in seinen Blättern alles schwarz oder weiſs ist. Es ist nicht wunderbarer, mit einer kleinen Anzahl ähnlicher oder kontrastierender Töne Empfindungen und Leidenschaften zu mahlen, als eben dieſs mit ein wenig schwarzer Farbe auf einem Bogen weiſsen Papiers zu bewerkstelligen; und Natur und Wahrheit werden in jenem Falle nicht mehr verletzt als in diesem. Das Singspiel setzt, wie oben schon bemerkt worden, einen stillschweigenden Vertrag zwischen der Kunst und dem Zuhörer voraus. Dieser weiſs wohl, daſs man ihn täuschen wird; aber er will sich täuschen lassen. Jene verlangt nicht für Natur gehalten zu werden; aber sie triumfiert, wenn sie mit ihrem Zauberstab noch gröfsere und schönere Wirkungen hervorbringt als die Natur selbst.

Die Einwendung des Algarotti gegen die historischen Süjets der Opern scheint also ohne hinlänglichen Grund zu seyn. Wir können ihm beypflichten, wenn er sagt: „Man fühle gar mächtig, dafs Triller und Ruladen im Mund eines Julius Cäsar oder Kato nicht so guten Anstand hätten, als im Munde der Venus oder des Apollo." — Aber diefs beweist nur gegen den Dichter, der so wenig Beurtheilung hat, entweder einen Helden zu wählen, dessen ganzer Karakter dem Singspiele nicht angemessen ist, oder gegen den Komponisten, der einen grofsen Mann wie einen weichlichen Atys behandelt. Kein vernünftiger Liebhaber der Musik, der einen Begriff davon hat was ein Singspiel ist, wird sich darüber ärgern, den Alexander oder den Porus in einem Singspiele singen zu hören: aber ärgern wird er sich, nicht über die Oper, sondern über die schlechte Beurtheilungskraft des Komponisten, oder über den Eigensinn der Sänger und die Tyranney der Mode, denen oft die gröfsten Meister seufzend nachgegeben haben, wenn Alexander und Porus nicht so singen, wie es der Gröfse ihres Karakters anständig ist.

Algarotti's übrige Einwendungen gegen die historischen Singspiele sind noch unerheblicher, weil sie sich blofs auf die konvenzionellen Begriffe von der Oper gründen. Nach dem von uns aufgestellten Begriffe vom Singspiel ist wenig daran gelegen, „dafs die meisten historischen Süjets wenig Schauspiel und Augenweide darbieten" — denn das Singspiel ist kein Guckkasten — oder „dafs es nicht leicht ist schickliche Tänze und Divertissements dazu zu erfinden" — denn Tänze und Divertissements gehören ganz und gar nicht zum Wesen des lyrischen Drama. Alles kommt also blofs darauf an, ob das historische Süjet zugleich einfach, interessant und musikalisch genug für das Singspiel ist. Ist diefs, so hat es alle wesentlichen Erfordernisse eines lyrischen Stoffes; das übrige kommt auf den Genie und die Ausführung des Dichters, des Komponisten und des Sängers an. Die Gattung kann nichts dazu, wenn ein Süjet nicht in die rechten Hände fällt.

Indessen ist doch nicht zu läugnen, dafs, in so fern im Singspiele Musik und Gesang eine Art von idealischer Sprache ausmachen, die über die gewöhnliche Menschensprache weit erhaben ist, — dafs schon aus dieser Ursache etwas in der Natur desselben

liege, womit wir den Begriff des Wunderbaren zu verknüpfen uns nicht enthalten
können. Wenn wir uns einen würdigen sinn-
lichen Begriff von einer Göttersprache
machen wollten, so müßte es, däucht mich,
diese musikalische Sprache seyn. Es
scheint also aus einem in der Natur der Sache
liegenden Grunde herzukommen, daß wir die
Griechischen Götter und Götterkinder, vermöge eines unwillkührlichen innern Gefühls,
auf dem lyrischen Theater schicklich und,
so zu sagen, in ihrer eigenthümlichen
Sfäre finden; da sie uns hingegen auf dem
tragischen, selbst in einem Griechischen Stücke,
anstößig seyn würden. In dieser Rücksicht
scheinen also mythologische Süjets (in
so fern alles übrige gleich ist) allerdings mehr
Schicklichkeit zum Singspiele zu haben
als historische.

Eben dasselbe läßt sich gewisser Maßen
auch von solchen behaupten, die aus dem
heroischen Zeitalter der Griechen
oder irgend eines andern bekannten Volks
genommen sind. — Denn wenn ich lieber
Griechische Süjets zum Singspiele wählen
möchte, so wär' es mehr darum, weil sie uns
nach unsrer bisherigen, hierin lobenswürdigen,
Erziehungsart ungleich bekannter, und also
auch schon darum interessanter sind, als

Hyperboreische, Indianische, Mexi-
kanische und so weiter, als aus irgend
einem andern Grunde; wiewohl auch der
Umstand, daſs wir mit dem Begriffe von
Griechen überhaupt die Idee eines von
allen Musen vorzüglich begünstigten Volkes
zu verknüpfen pflegen, hier nicht ganz ohne
Gewicht seyn möchte. — Ich sage also, Stoffe,
die aus der heroischen Zeit genommen sind, haben eine vorzügliche Schicklichkeit zum Singspiele, weil alles, was diese
Zeit so stark von der unsrigen abstechen
macht, zusammen genommen, ein Gefühl
des Wunderbaren in uns erregt, dessen
Stärke dem Grade unsrer Entfernung von dem
ursprünglichen Leben und Weben der noch
unbezwungenen, muthvollen und mit allen
ihren Naturkräften wirkenden Menschheit
proporzioniert ist. Es scheint uns eben so
natürlich, daſs Menschen aus diesem Zeitalter
eine unendlich vollkommnere, kräftigere und
die Saiten unsers Gefühls stärker rührende
Sprache reden, das ist, daſs sie statt zu reden
singen, als daſs sie stärkerer Leidenschaften, edlerer Entschlieſsungen und kühnerer
Thaten fähig sind als wir; und so finden
wir die Alcesten, Ariadnen, Medeen,
Ifigenien, auf dem lyrischen Theater eben
so natürlich als die Göttinnen und Nymfen, die wir als Wesen zwar von höherer,

aber doch ähnlicher Art mit jenen zu betrachten gewohnt sind.

Die Zeiten der irrenden Ritterschaft (aus
welchen A r i o s t und T a s s o den Stoff zu
ihren herrlichen Gedichten, so wie einige
Italiänische und Französische Operndichter
aus diesen den Stoff zu ihren A n g e l i k e n,
A r m i d e n, A l c i n e n, B r a d a m a n t e n und
so weiter hergenommen haben) machen eigentlich keine besondere Epoke in der Geschichte
der Menschheit aus; sie kommen in allen
wesentlichen Stücken mit der H e l d e n-
z e i t d e r G r i e c h e n völlig überein. Die
A r g o n a u t e n und die übrigen Heroen der
letztern sind mit den R i t t e r n von der
r u n d e n T a f e l, den A m a d i s e n, R o l a n-
d e n und R i n a l d e n, völlig von einerley
Schlag; in beiderley Zeiten spielen Helden,
Damen, Riesen, Drachen und Ungeheuer aller
Arten einerley Rolle, und die U r g a n d e n,
A l c i n e n und A r m i d e n sind nicht gröfsere
Zaubrerinnen als die M e d e e n und C i r c e n
der Griechen. Von den Stoffen aus den Zeiten
der Ritterschaft gilt also eben dasselbe, was
von den heroischen.

Und warum nicht auch von denen aus
der p o e t i s c h e n S c h ä f e r w e l t? — Wohl
verstanden, dafs darunter weder die m e t a-

fysischen Seladons am Lignon, noch
die galanten Schäfer des Fontenelle,
noch die faden, langweiligen Hirten in unsern
ehemahligen Nachspielen, sondern eine
Art von Hirten gemeint sind, wozu uns die
Natur selbst die Originale gegeben hat, und
in manchem glücklich unbekannten Winkel
des Erdbodens noch giebt. Die Schäferwelt
der Dichter, das selige Hirtenleben der ältesten Menschen, wovon das Arkadien unsers
Gefsners das Ideal ist, fällt bey den Griechen in die nehmlichen heroischen Zeiten,
wo die Götter noch mit den Töchtern der
Menschen lustwandelten, Apollo in Gestalt
eines schönen Hirten die Herden des Admet
weidete, Jupiter und Merkur in Filemons
Hütte Zuflucht suchten, und Venus ihre Lieblinge unter Schäfern wählte. Diese Hirtenwelt ist für uns nicht weniger wunderbar
als die Heldenzeit, aber gewifs ohne Vergleichung anziehender. Denn was ist, zumahl
in einem gewissen Alter, oder in der Gemüths-
stimmung, worin wir uns befinden, wenn
wir des Getümmels, der Fesseln, der Thor-
heiten und Mühseligkeiten des höfischen und
städtischen Lebens überdrüssig sind, was ist
uns dann angenehmer als diese lachenden
Gemählde von Ruhe, Unschuld, Liebe und
Glückseligkeit? dieses mehr zum Vergnügen
als aus Noth beschäftigte, sorgenfreye Leben

im Schoofse der Natur? diese selige Gleich-
heit, diese von Wildheit und Verkünstelung
gleich weit entfernte schöne Einfalt und Güte
der Sitten, wovon uns unser Herz sagt, dafs
ohne alles diefs kein glückliches Leben sey?
Wie natürlich also, dafs wir uns so gern in
dieses Arkadien versetzen lassen, dafs wir
die Darstellung desselben auf dem lyrischen
Schauplatze lieben, und, wenn ein Dichter
wie Gefsner mit einem Tonkünstler wie
Pergolesi sich zusammen fänden, und
uns lyrische Schäferspiele gäben, sie
vielleicht allen andern Arten vorziehen
würden!

IV.

Ich glaube hinlänglich gezeigt zu haben:
„Dafs dem Dichter eines Singspiels zur Wahl
seines Stoffes nicht nur die Griechische
Götter - Helden - und Hirtenwelt nebst
der neuern Ritterzeit, sondern sogar
die wirkliche Geschichte offen stehe;
dafs aber darum nicht jedes Süjet aus einem
dieser Felder tauglich sey, sondern die Wahl
des Dichters nur auf solche fallen müsse,
welche der musikalischen Behandlung fähig sind;

„Dafs er also 1) alle diejenigen bey
Seite legen müsse, die, entweder wegen der
Natur der Handlung, oder weil sie gar
zu verwickelt und mit zu viel Bege-
benheiten beladen sind, sich besser zur
Tragödie als zum Singspiele schicken;

„Dafs er 2) in der Wahl selbst für solche Karakter, Leidenschaften und Situazionen

sich entscheiden müsse, die durch die
musikalische Verschönerung nichts
von ihrer Wahrheit verlieren;   .

„Dafs er 3) den Plan so einfach
anlegen, und auf so wenige Personen
als möglich einschränken, und schlechterdings, wo nicht alle Episoden, doch alle
solche vermeiden müsse, die das Haupt-
interesse, anstatt es zu erhöhen, schwächen
würden;

„Endlich, 4) dafs er hauptsächlich dahin
zu arbeiten habe, seine Personen mehr in
Empfindung und innerer Gemüths-
bewegung als in äufserlicher Handlung darzustellen."

In diesen an sich selbst ganz einleuch-
tenden Grundsätzen ist, däucht mich, alles
enthalten, was der Dichter eines lyrischen
Drama (aufser den Gesetzen, die allen dramatischen Werken überhaupt gemein sind) in
Absicht auf die Wahl und Behandlung des
Stoffes zu leisten hat, und was die Zuhörer
mit Recht von ihm fordern können und
fordern sollten, weil sie ihm, ohne ihrem
eignen Vergnügen Schaden zu thun, nichts
davon erlassen können.

Denjenigen, welche die Wälschen Opern
kennen, brauche ich nicht zu sagen, dafs

Singspiele nach diesen Grundsätzen verfaßt
in der That eine neue Gattung seyn, und
die große Wirkung, welche Algarotti in
der Oper seiner Zeit vermißt, unfehlbar hervorbringen würden, wofern der Komponist
mit dem Dichter aus Einem Geist und
auf Einen Zweck arbeitete, und die
Sänger den Pflichten, die ihnen von beiden
aufgelegt werden, genug zu thun den Willen
und das Vermögen hätten. Bey dieser freylich
zu jenem Zweck schlechterdings nothwendigen
doppelten Bedingung sey es mir erlaubt noch
etwas länger zu verweilen.

Algarotti beginnt diesen Abschnitt seines Versuchs über die Oper mit einer äußerst
strengen Deklamazion gegen die Ausartung und verderbte Beschaffenheit
der Musik unsrer Zeit. — Es ist bemer-
kenswerth, daß diese nehmliche Klage vor
sechzehn hundert Jahren von Plutarch, und
vor mehr als zwey tausend schon von Plato
geführt worden ist. Die Gelehrten wissen,
wie heftig dieser letztere über die Ausartung,
Weichlichkeit und Üppigkeit der Musik seiner Zeit eifert. Und zu welcher Zeit
that er das? Zu einer Zeit, da die Musik
von ihrer gegenwärtigen Vervollkommnung
wahrlich noch sehr weit entfernt war; da
man noch keinen Begriff von Kontrapunkt

und vielstimmiger Harmonie hatte; da die meisten Instrumente, womit unsre Virtuosen ihre Zeichen und Wunder thun, entweder noch unerfunden, oder noch sehr unvollkommen waren; da der gröfste Kor weiter nichts thun konnte als dem Vorsinger nachzusingen, und der ganze Gebrauch, den man von den Instrumenten dabey zu machen wufste, darin bestand, dafs man sie mit der Singstimme eine oder mehr Oktaven höher oder tiefer fortlaufen, oder höchstens auf gewissen Grundtönen aushalten liefs. Doch diefs hindert nicht, dafs jene Klagen Plutarchs, Platons und andrer weisen Männer unter den Alten nicht ihren guten Grund sollten gehabt haben; denn sie gingen doch hauptsächlich darauf, dafs man zu ihrer Zeit (wie zur unsrigen) das Schwere dem Singbaren, die Absicht, durch die äufsersten Grade der künstlichen Ausführung in Erstaunen zu setzen — dem edlern Bestreben, das Herz zu rühren, und, wenn man auch diefs letztere suchte, die Erweckung wollüstiger Gefühle und Leidenschaften von der gröbern Art — der Beruhigung des Gemüths oder der Erhebung der Seele zu den schönsten Gesinnungen und der Anfeurung derselben zu grofsen Thaten vorzog.

Die Musik eines Volkes — wie vollkommen oder unvollkommen sie übrigens seyn mag — steht immer in sehr enger Beziehung mit den öffentlichen Sitten. Plutarch lebte in einer Zeit, wo die Verderbnifs der Sitten, die Weichlichkeit der Lebensart, die Entnervung der Leiber durch die zügelloseste Ausgelassenheit in natürlichen und unnatürlichen Wollüsten, und folglich die Unvermögenheit der Seelen zu allem, was Kraft, Anstrengung, Enthusiasmus und Aufopferung voraussetzt oder fordert, — zum tiefsten Grad herunter gesunken war. Eben so lebte auch Plato zu einer Zeit, wo die Griechen, (nicht mehr die Homerischen) und besonders seine Athener, von der vormahligen edlen Einfalt ihrer Sitten sich schon sehr weit entfernt, die Stärke ihrer Vorfahren meistens schon verloren, und mit Asiens Reichthümern auch an Üppigkeit und Wollüsten Geschmack gefunden hatten. Nothwendig mufste in beiden Zeitaltern auch die Musik (und diese vorzüglich vor andern schönen Künsten, weil sie unter allen am stärksten auf die Leidenschaften wirkt) mit den Sitten ausarten; mufste die Einfalt, Kraft und Würde verlieren, die sie gehabt hatte, da Gesang und Tanz von den Orfeen, Amfionen, Foroneen u. s. w. zu einem gottesdienstlichen und politischen Hülfsmittel gemacht worden war. Nothwendig mufsten in einer Zeit, wo ein Alcibiades — Perikles, und eine Lais — Aspa-

sia war, auch die Musen zu Dienerinnen
der Wollust werden, so wie die Pindari-
schen Grazien ihres ehrenvollen Amtes,
die Gastmähler und Tänze der Götter,
und alles was im Olympus geschieht,
anzuordnen, 4) entsetzt, zu blofsen Gespie-
len und Aufwärterinnen der Liebesgöttin herab
gewürdiget wurden.

Indessen ist doch wohl nicht zu läugnen,
dafs der göttliche Plato, seiner Gewohnheit
nach, die Sache zu weit trieb, wenn er,
unter dem Vorwand, alle Veränderung in der
Musik sey den Sitten gefährlich, verlangte,
dafs die Griechen, nach dem Beyspiel
der Ägypter, der Musik unter der Sank-
zion eines furchtbaren Strafgesetzes eine eben
so unveränderliche Einförmigkeit aufer-
legen sollten, wie der Staatsverfassung und
den gottesdienstlichen Gebräuchen. Bekannter Mafsen erstreckte sich bey den alten Ägyp-
tern dieses Gesetz auf alle schönen Künste,
welche sich durch diese vorsichtige Politik der
Priester (der ersten Gesetzgeber und Regenten
Ägyptens) zu einer ewigen Kindheit verdammt
sahen. Wenn es auf Plato und seine Ägypti-
schen Priester angekommen wäre, so hätten

_____

4) S. Pindars vierzehnten Olympischen Gesang.

die Griechen nicht nur keinen D a m o n und T i m o t h e u s, keinen Fidias, Myron, Lysippus, Zeuxis und Apelles — sie hätten sogar keinen H o m e r gehabt.

Es ist immer eine eigene Grille aller filosofischen M i f s v e r g n ü g t e n und W e l t - v e r b e s s e r e r gewesen, den Menschen v o l l - k o m m e n haben zu wollen, was er doch nicht seyn k a n n; und über alle Folgen sei- nes natürlichen S t r e b e n s nach Vervollkomm- nung zu schmählen, welches doch gerade das ist, was ihn z u m M e n s c h e n macht. Plato und Plutarch verdammen die Musik zu ein- förmigen feierlich - langsam hintönenden Melo- dien, weil zwey- und dreygeschwänzte Noten und ein paar Saiten auf der Lyra mehr die Sitten verderben könnten; gerade so wie R o u s s e a u die Wissenschaften aus seiner Republik verbannt, weil sie Sofisterey und Hypothesen, Dogmatiken und Polemiken, kurz viel Unraths und böser Händel in die Welt gebracht haben.

Jeder neue Schritt zur Vollkommenheit in jeder Kunstfertigkeit, Wissenschaft und Tugend, führt zu neuen Abwegen auf beiden Seiten. Was thut das? Anstatt darüber zu wimmern, dafs wir nicht noch immer in der Wiege liegen oder am Führbande gehen, lafst uns lieber darauf denken, wie wir des Guten, dessen uns jeder Fortschritt auf der Laufbahn der Menschheit theilhaftig macht, mit so wenig Nachtheil als möglich geniefsen mögen, ohne uns an diese Gesellen des Doktor Peter Rezio von Tirteafuera 5) zu kehren, die auf jedes Gericht, wovon wir kosten wollen, unter dem Vorwande, dafs es zu hitzig oder zu kältend, zu nahrhaft oder zu leicht, zu süfs oder zu sauer sey, ihr verwünschtes Stäbchen fallen lassen, und uns, aus lauter Sorge für unsre Gesundheit, hungern liefsen bis uns die Eingeweide zusammen schrumpften.

Wer nur überhaupt an die grofsen Meister in der musikalischen Komposizion denkt, die in den nächsten funfzig Jahren mit einander in die Wette geeifert, und an die vortrefflichen Werke in so mancherley Arten, die sie hervorgebracht haben, der könnte leicht bey Algarotti's Klageliedern über den Verfall der guten Musik den Bräutigam zu hören glauben, der sich beklagte, dafs seine Braut zu schön sey. Und gleichwohl läfst sich nicht läugnen, dafs viel Wahres an seinen Klagen ist.

Was ist zum Beyspiel gegründeter als seine Beschwerde: „dafs die Mode — nicht zufrieden über Kleidung und Kopfputz zu

---

5) Leibarzt der Statthalter der Insel Barataria im Don Quixote.

herrschen — ihr unbefugtes Ansehen sogar
über die Werke einer Kunst ausdehne, welche
der Natur nachahmen, und also unveränder-
lich seyn soll wie sie." — In der That ist
nicht wohl abzusehen, warum man denjenigen,
der ein musikalisches Werk blofs darum, weil
es alt ist, gering schätzt, nicht eben so
lächerlich findet, als einer seyn würde,
der ein Gemählde von Tizian oder Korreggio
defswegen verachten wollte, weil es dritthalb
hundert Jahre alt sey. Liegt denn der Grund,
warum ein Gesang schön ist, nicht eben so tief
in der Natur, hängt er nicht eben so wenig
von Willkühr und Zufall ab, als der Grund,
warum ein Gemählde oder ein Gedicht schön
ist? Gewifs, der anmafsliche Liebhaber der
Musik, für den eine Arie von Leon oder
Vinci aus der Mode ist, wird (wenn er
aufrichtig seyn will) aus den nehmlichen
Ursachen die Toilette der Venus von
dem Antigrazien - Mahler Boucher
der Verklärung von Rafael vorziehen! —
Dafs der musikalische Geschmack zu gewissen
Zeiten, oder bey einem gewissen Volke, so
verdorben seyn könne, dafs die meisten, von
den tonangebenden Midassen verführt, das
wahre Schöne nicht fühlen, und dagegen Gri-
massen von Bewunderung machen, wo der
Mann von richtigem Gefühl die Achseln zuckt:
wer zweifelt daran? Aber ein musikalisches

Werk, das zu irgend einer Zeit vortrefflich war, das ist, eine grofse, allgemeine
Wirkung auf Herz und Einbildungskraft
that, wird es zu allen Zeiten bleiben.
Fehlt es etwann an Beyspielen, die diese
Wahrheit beweisen? Thut das berühmte
Miserere des Allegri, wiewohl es über
hundert und funfzig Jahre alt ist, in der päpst-
lichen Kapelle nicht auf alle die es hören, noch
immer eben dieselbe wunderbare Wirkung? [6]
Werden nicht die Köre in den Opern eines
Lülly und Händel noch immer herrlich und
unübertrefflich gefunden? Und wenn Kenner
von den Arien dieser grofsen Meister weniger
vortheilhaft urtheilen, kommt es nicht blofs
daher, weil sie (wenigstens grofsen Theils,
was auch die Ursache seyn mag) in ihrer Art
nicht so vortrefflich als die Köre sind? —
So würden nicht nur Kenner, sondern alle
Menschen, die ein Paar hörende Ohren und
ein fühlendes Herz haben, von musikalischen
Werken urtheilen, wenn (was mehr zu wün-

----

[6] Gegen dieses Beyspiel wird mit Recht einge-
wendet werden, dafs dieses Wunder nicht sowohl
von den Noten des Allegri, als von der besondern
Art des Vortrags und dem entzückenden Zusammen-
klang einer so grofsen Menge zu diesem gemeinschaft-
lichen Vortrag abgerichteter und geübter schöner
Stimmen gewirkt werde.　　Anm. des Herausgebers.

schen als zu hoffen ist) einmahl als ein allgemeiner fest stehender Grundsatz angenommen
wäre: daſs man den Werth einer musikalischen Komposizion blofs nach den Wiṛkungen,
die sie auf unser Gemüth macht, bestimmen
müsse.

Übrigens mag wohl (im Vorbeygehen
gesagt) ein besonderer Grund vorhanden seyn,
warum bey den Italiänern die Begierde
nach Neuem dem Geschmack am Schönen
so viel Eintrag thut. Vermuthlich liegt es
blofs an der aufserordentlichen Liebe dieser
Nazion für alles was Musik heifst, und an
dem Umstande, dafs man (besonders in Neapel
und Venedig) allenthalben wo man geht und
steht, bey Tag und bey Nacht, zu Wasser
und zu Lande, Gesang und Saitenspiel um
die Ohren klingen, schwirren und sausen hört.
Ein schöner Gesang erregt in seiner ersten
Neuheit ein so allgemeines Entzücken, dafs er
in kurzem von allen Lippen tönt; und nun
wird er so oft gesungen, so oft verschlungen,
so oft mit ganzem und mit halbem Ohre
gehört, dafs er bald aus einer fysischen
Ursache keine lebhafte Empfindung mehr
erregen kann, folglich einem so gefühlgierigen
Volke, als die Italiäner sind, mehr Überdrufs
als Vergnügen machen mufs. Man könnte sich
ja zuletzt an der Venus selbst müde sehen;
und wer nur zehn Tage hinter einander

immer das nehmliche Solo von Besozzi hätte
blasen hören, würde sich zuletzt nach dem
Dudelsack eines Bärenführers sehnen.

Indessen gesteht Algarotti, dafs diese
Veränderlichkeit des Geschmacks seiner Lands-
leute der Musik wenig schaden würde, wenn
der Hauptfehler nicht an den Komponisten selbst läge. Diese Künstler vergessen,
seiner Meinung nach, gar zu gern, dafs die
Musik, wenn sie nicht Empfindungen
vorträgt, und dadurch bestimmte Ein-
drücke auf unsre Seele macht, nur ein
schaler Ohrenschmaus ist; dafs Musik und
Poesie Schwestern und nur durch ihre Vereinigung allmächtig sind; aber dafs, auch
wenn sie sich vereinigen, die erste der andern
untergeordnet seyn mufs, und dafs alles verloren ist, so bald sie, anstatt zu gehorchen,
herrschen will.

In der That, wenn die Opernkomponisten
so oft, als es ihnen Algarotti Schuld giebt,
in dem Falle sind, jene unläugbaren Grund-
sätze zu vergessen, so haben sie sehr Unrecht.
Denn was unternimmt der Komponist, der
das Werk eines Dichters in Musik setzt,
anders, als die Zeichnung und Sizze eines
andern auszumahlen? Und was mufs
dabey heraus kommen, wenn er sich nun ein-
bildet nach eigener Willkühr verfahren zu

dürfen, und weder in der Wahl und Mischung
der Farben, noch in Vertheilung des Lichts
und Schattens, noch im Ton des Ganzen die
Gedanken des Erfinders zu Rathe ziehen
wollte? Musik und Akzion sind im Singspiel blofse Organen, wodurch der Dichter
auf unsre Seele wirken soll. Noch richtiger
könnte man sie mit den Grazien vergleichen,
die der Schönheitsgöttin zugegeben sind, um
sie anzukleiden, zu schmücken und zu bedie-
nen, und denen es gar nicht einfällt, auf
Unkosten ihrer Gebieterin glänzen zu wollen. Der Tonkünstler, der die Wirkung des
Gedichts, über welches er arbeitet, der juckenden
den Begierde, seine Kunst sehen zu lassen auf-
opfert, ist einem Mahler gleich, der die Juno
vernachlässigen wollte, um unsre ganze Aufmerksamkeit auf ihre Pfauen zu heften.

Doch, es würde ungerecht seyn, wenn
man den Komponisten, und unter ihnen so
manchem grofsen Meister, (welche hierin mit
den übrigen sich so ziemlich in gleicher Schuld
befinden) zum besondern Vorwurf machen
wollte, was eine natürliche Frucht des einmahl
angenommenen Begriffs von der Oper und des
einzigen Effekts, den man dabey abzielte, war.
Denn diesem Begriff zu Folge war Ohren-
und Augenlust alles was die Zuhörer ver-
langten, und alles womit man sie bis zur
Sättigung bediente. Der Poet war nur ein

demüthiger Diener des Komponisten, des
Dekoratörs, der Sänger und Tänzer,
der seine Schuldigkeit schon gethan hatte, wenn
er seinen gebietenden Herren und Damen nur
recht viel Gelegenheit gegeben hatte, ihre
Talente auszulegen. Die ganze Einrichtung
der Opernmusik, der Zuschnitt aller besondern
Theile, die Form der Arien und Recitative,
alles 'gründete sich auf diesen Begriff und
bezog sich auf diesen Zweck.

Daher diese Ouvertüren, die (wie
andere Symfonien) immer aus einem Allegro,
Adagio und Presto zusammen gesetzt, mit dem
Stücke selbst gemeiniglich nicht die mindeste
Verbindung haben, und (wie Algarotti sagt)
den Exordien gewisser Kanzelredner gleichen, die mit einem Strom von schönen
Frasen nichts zur Sache gehöriges sagen,
sondern eben so gut zu jeder andern Rede
gebraucht werden könnten.

Daher die gewöhnliche Vernachlässigung
des Recitativs, über welches gemeiniglich
Komponist und Sänger, als über etwas ihrer
Aufmerksamkeit und Kunst unwürdiges, so
schnell als möglich wegeilen, und die man
meistens nur als eine Art von Ruheplätzen
betrachtet, wobey Sänger und Zuhörer Athem
schöpfen, jener seine Kräfte zu einer grofsen
Bravurarie sammeln, diese nach Herzenslust

plaudern, lachen, liebäugeln, spielen oder
schlafen können, bis sie wieder durch das
prächtige Geräusch oder zärtliche Getön eines
Ritornells erinnert werden, dafs eine neue
Arie im Anzug sey, die, wenigstens um der
schönen Ruladen und Kadenzen des Sängers
willen, Aufmerksamkeit verdiene.

Daher, dafs man die Arien als die Haupt-
sache in der Musik einer Oper behandelte;
aber nicht etwa um eine grofse Wirkung auf
das Herz dadurch zu thun, sondern um dem
Komponisten und Sänger einen Tummelplatz
zu geben, wo sie mit einander um den Preis
ringen, und alle ihre Künste, die Ohren zu
bezaubern, zu überraschen und in wollüstiges
Erstaunen zu setzen, in die Wette auslassen
könnten. Daher die unendliche Überladung
derselben mit Zierathen; daher die ewigen
seiltänzerischen und meistens gar nichts
sagenden Passagien; daher die bis zum Ekel
getriebnen und ganz am unrechten Orte ange-
brachten Wiederhohlungen der Wörter; daher
die Abtheilung der grofsen Arie in drey Theile,
und das oft so unnatürliche Da Kapo; daher
die unmäfsig langen und unschicklichen
Ritornellen, wo zum Beyspiel ein Mensch,
der vor Zorn aufser sich ist, mit verschränk-
ten Armen da steht und wartet, seine Wuth
ertönen zu lassen, bis das Orkester ihm das
rauschende Thema seiner Arie mit einer

Menge Wendungen und Verzierungen vor-
gespielt hat; aber daher auch der Überdrufs
eines jeden Zuhörers von Gefühl, der sich
durch das Vergnügen, das ihm eine Lieblings-
sängerin mit allen ihren Wunderkünsten
machen kann, für die gähnende lange Weile,
die ihm das ganze Stück verursacht, nur
schlecht entschädiget hält.

Die Ausnahmen, die zu Gunsten mancher
bekannten Stücke, oder einzelner Scenen,
sonderlich in den besten Opern des Metastasio, zu machen sind, verhindern nicht,
dafs alle diese Vorwürfe, welche Algarotti
dem Wälschen Singspiele macht, nicht überhaupt nur zu wohl gegründet seyn sollten.
Schon die neue Gestalt, welche Metastasio
der Oper gab, war ein starker Schritt zur
Verbesserung des lyrischen Theaters. Wie
sollten Männer von so grofsem Genie als
Hasse, Graun, Jomelli, ein Galluppi und
so weiter, die Aufforderung, ihr Genie im
Ausdruck der Leidenschaft zu zei-
gen, die in einer *Didone abandonnata*, einem
Demofoonte, Siroe, Tito an sie gethan wurden,
nicht mit Freuden angenommen haben? Aber
dem ungeachtet blieb es in Absicht des Ganzen
immer bey dem einmahl eingeführten und zum
Gesetz gewordnen Herkommen. Weder Dichter noch Komponist waren Meister zu thun
was sie wollten; beide mufsten sich, gern

oder ungern, der Tyranney der Gewohnheit
und der Sänger unterwerfen; und das Publi-
kum, welches in keiner Sache von der Welt
sein wahres Interesse zu kennen scheint, war
auch hierin zu sinnlich, um eine gründliche
Reformazion des Singspiels, so viel an seiner
Seite möglich war, zu befördern.

Endlich haben wir die Epoke erlebt, wo
der mächtige Genie eines G l u c k dieses grofse
Werk unternommen hat, das — wofern es
jemahls zu Stande kommen k a n n — durch
einen F e u e r g e i s t wie der seinige gewirkt
werden müfste. Der grofse Erfolg seines
O r f e u s und E u r y d i c e, seiner A l c e s t e,
seiner I f i g e n i e, würden alles hoffen lassen,
wenn sich nicht unüberwindliche s i t t l i c h e
U r s a c h e n, gerade in jenen Hauptstädten
Europens, wo die schönen Künste ihre vornehmsten Tempel haben, seinem Unternehmen entgegen setzten! — Künste, die der
grofse Haufe blofs als Werkzeuge sinnlicher
Wollüste anzusehen gewohnt ist, in ihre
ursprüngliche Würde wieder einzusetzen, und
die N a t u r auf einem Throne zu befestigen,
der so lange von der willkührlichen Gewalt
der Mode, des Luxus und der üppigsten Sinn-
lichkeit usurpiert worden: — ist ein grofses
und kühnes Unternehmen; aber zu ähnlich
dem grofsen Unternehmen Alexanders und
Cäsars, aus den Trümmern der alten Welt

eine neue zu schaffen, um nicht ein gleiches
Schicksal zu haben. Eine Reihe von Glucken
(so wie zum Projekt einer Universalmonarchie
eine Reihe von Alexandern und Cäsarn) würde
dazu erfordert, um diese Oberherrschaft der
unverdorbenen Natur über die Musik; diesen
einfachen Gesang, der wie Merkurs Schlangen-
stab die Leidenschaft erweckt oder einschläfert,
und die Seelen in Elysium oder in den Tartarus führt; diese Verbannung aller Sirenen-
künste, diese schöne Zusammenstimmung
aller Theile zur grofsen Einheit des Ganzen,
auf dem lyrischen Schauplatze herrschend und
fortdauernd zu machen. — Gluck selbst —
bey allem seinem Enthusiasmus — kennt die
Menschen und den Lauf der Dinge unterm
Monde zu gut, um so etwas zu hoffen! Schon
genug, dafs er uns gezeigt hat, was die Musik
thun könnte, wenn in diesen unsern Tagen
irgendwo in Europa ein Athen wäre, und in
diesem Athen ein Perikles aufträte, der für
das Singspiel thun wollte, was jener für die
Tragödien des Sofokles und Euripides that.

ÜBER EINIGE

ÄLTERE DEUTSCHE SINGSPIELE

DIE DEN NAHMEN

A L C E S T E

FÜHREN.

———————————

ÜBER EINIGE
ÄLTERE DEUTSCHE SINGSPIELE
DIE DEN NAHMEN ALCESTE FÜHREN.

Ein Beytrag zur Geschichte der Sprache und Litteratur der Deutschen in der zweyten Hälfte des XVIIten Jahrhunderts bis gegen das zweyte Viertel des XVIIIten. [1])

Man hat der neuesten Deutschen Alceste die Ehre angethan, sie für das erste Deutsche Singspiel dieses Nahmens zu halten. Wäre die Meinung blofs gewesen, sie in dem Sinne die erste zu nennen, in welchem ehemahls Brutus und Kassius die letzten Römer hiefsen, so möchte der Dichter das Kompliment allenfalls haben annehmen kön-

[1]) Aufgesetzt im Jahre 1773.

nen, ohne sich einer übermäfsigen Einbildung
von der Vorzüglichkeit seiner Alceste über
ihre längst vergefsnen Vorgängerinnen schuldig zu machen. Aber da sich jene Meinung
blofs auf Unwissenheit der ehemahligen
Existenz dreyer Singspiele dieses Nahmens
gründet, die zwischen den Jahren 1680 und
1720 auf Deutschen Schauplätzen gegeben
worden sind: so glaubte der Verfasser etliche
müfsige Stunden nicht übel anzuwenden,
wenn er sie dazu widmete, über diese in
Vergessenheit versunknen älteren Versuche
der lyrisch - dramatischen Muse in Germanien
einige Nachforschungen anzustellen, und die
Resultate derselben den Freunden unsrer Litteratur, denen auch die Kindheit und die allmäh-
lichen Fortschritte derselben nicht gleichgültig
seyn können, in gegenwärtigem Aufsatze mit-
zutheilen.

Glücklicher Weise kam ihm zum Behuf
dieser kleinen Arbeit der Umstand zu Statten,
dafs ein Exemplar von den besagten Sing-
spielen sich in der berühmten Gottsche-
dischen Sammlung Deutscher Schauspiele
befand, welche Ihre Durchlaucht die damah-
lige Vormünderin und Landesregentin von
Weimar, Mutter des jetzt regierenden Herzogs,
die verwittwete Herzogin Anna Amalia,
geborne Herzogin von Braunschweig, von den

Erben jenes durch gute und böse Gerüchte
berühmten Gelehrten an sich gebracht hatte.
Es wird nehmlich vielen noch bekannt seyn,
daſs Gottsched zwanzig bis dreyſsig Jahr
lang alle Arten von Schauspielen, die seit
Erfindung der Buchdruckerkunst in Deutschland zum Vorschein gekommen, geistliche
und weltliche, tragische und komi-
sche, Helden - Schäfer - und Possen-
spiele, Opern die auf fürstlichen Hofthea-
tern aufgeführt, und Tragikomödien von
Simson und Delila, Daniel und der keuschen
Susanna, Judith und Holofernes, und so weiter, welche zur Übung der lieben Jugend
von irgend einem Kollegen einer Lateinischen
Stadtschule in kurzweilig - erbaulichen Reim-
weisen abgefaſst worden, aus allen Bücher-
sammlungen, Plunderkammern, Makulatur-
gewölben und Pfefferbuden des heiligen Römi-
schen Reichs Deutscher Nazion, mit uner-
müdetem Eifer aufgestöbert, und mit Bey-
stand seiner unzähligen Freunde und Schüler
zusammen gebracht hatte; eine Sammlung,
welche (damahls wenigstens) an Vollständig-
keit einzig in ihrer Art war, und einem
kritischen Geschichtschreiber unsrer Sprache
und Litteratur zu Bezeichnung der Stufen,
auf welchen beide bis zu ihrem gegenwärtigen Zustand empor gestiegen, unentbehrlich
zu seyn schien.

Diese vorberührter Mafsen nach Weimar
gekommene Sammlung wartete schon seit mehr-
rern Jahren auf den Gebrauch, welchen (wie
man sagte) ein damahliger hiesiger Gelehrter
von den Schätzen, die sie enthielt, zu einem
Beytrag für die kritische Geschichte des Deutschen Theaters zu machen gesonnen war: als
(bey Gelegenheit der Frage, ob die damahls
in Weimar erschienene Alceste wirklich die
erste in Deutschland sey) die drey ältern
Alcesten wieder ans Licht gezogen wurden, und den folgenden Aufsatz veranlafsten,
der bereits im Jahre 1773 im Deutschen
Merkur erschien, und den Platz, den er
hier in etwas veränderter Gestalt einnimmt,
um so mehr verdienen dürfte, da die ganze
Gottschedische Schauspiel - Sammlung, sammt
den besagten drey Alcesten, bey dem unglücklichen Schlofsbrande im Jahre 1774 ein Raub
der Flammen wurde.

Das erste der Deutschen Singspiele, wozu
die durch ihre heldenmüthige Aufopferung
und wunderbare Wiederbelebung berühmte
Gemahlin des alten Thessalischen Fürsten
Admet den Stoff gegeben hat, führt die
Aufschrift: Alceste, in einer *Opera*, mit

Kurfürstlich Sächsischer Verwilli-
gung auf dem neu erbauten Schauplatze zu Leipzig in der Ostermesse
des 1693 Jahres vorzustellen. — Es
ist in der kurfürstlichen Hofbuchdruckerey
bey Immanuel Bergen gedruckt, und beträgt
siebzig Quart-Seiten.

In einem kleinen Vorberichte sagt dem
hochgeneigten Leser sein ergeben-
ster Diener, der Übersetzer: „Weil
gegenwärtiges Drama, welches ehemahls aus
der Feder des berühmten *Aurelio Aureli* 2)

---

2) Dieser *Aurel. Aurelio* oder *Aureli*, ein gebor-
ner Venezianer, lebte in der zweyten Hälfte des vorigen Jahrhunderts am Hofe zu Parma, und machte
sich zu seiner Zeit einen Nahmen durch eine grofse
Anzahl musikalischer Schauspiele, welche von 1652
an nach und nach auf der Bühne und im Druck
erschienen, und, nach dieser Alceste zu urtheilen,
in dem schlimmen Geschmack geschrieben waren,
womit Marino und Loredano damahls alle Dichter und Prosaisten ihrer Nazion ansteckten, und
der von ihnen auch zu unserm Lohenstein,
Hofmannswaldau, Postell u. a. überging,
und sich durch ihre Nachahmer über ganz Deutschland ausbreitete. Der Operndichter Aureli
mufs nicht mit einem andern *Aurelio Aurelli* aus
Mantua verwechselt werden, der einer der vorzüg-

geflossen, auf denen Adriatischen Scenen ein ungemeines Lob erhalten; so sey
solches auch zum ersten Mahl auf dem neu
erbauten Leipziger Schauplatz aufzuführen
beliebt worden."

Das Singspiel, oder die so genannte Opera,
war zu der Zeit, da Aurelio Aureli für
einen grofsen Operndichter galt, von der
Würde, wozu es durch Apostolo Zeno
und Pietro Metastasio erhoben worden
ist, noch unendlich weit entfernt. Es war
eine Art von Raritätenkasten, worin
alles, was im Himmel, auf Erden und unter
der Erden zu sehen ist, in schönster Unord-
nung vor den Augen der Zuschauer vorbey
zog; wo alles Natürliche durch Wunderwerke
geschah; wo die Sinne immer auf Unkosten
des Menschenverstandes belustiget, und das
Wahrscheinliche, Anständige und Schickliche
eben so sorgfältig vermieden wurde, als ob
es mit dem Wesen der Opera nicht bestehen
könnte. Je unnatürlicher, je besser, war das
erste Gesetz eines Schauspiels, welches durch
den grofsen Aufwand, den es erforderte, eine
Belustigung der Fürsten wurde, und kaum
würdig war Kinder zu belustigen.

lichsten Lateinischen Dichter des sechzehnten
Jahrhunderts war, und dessen Gedichte den *Deliciis*
Poetarum Italorum einverleibt sind.

Aurelio Aureli scheint bey Entwer-
fung seines Plans nichts angelegeners gehabt
zu haben, als in seinen Zuschauern auch
nicht den Schatten eines Zweifels zu erwek-
ken, als ob er die Alceste des Euripides
kenne. Das ganze Stück hat von Anfang bis
zu Ende, die Nahmen ausgenommen, nicht
den mindesten Geschmack von dem Lande und
der Zeit, woraus die Begebenheit genommen
ist. Admet, Alceste und alle übrigen Personen dieser Oper sind Leute aus einer andern
Welt, die den Leuten unsrer Welt ungefähr so
ähnlich sehen, wie die Amadis und Esplan-
dians, die Magellonen und Orianen der alten
Ritterbücher den Helden und Heldinnen der
Geschichte. Sie empfinden, reden und han-
deln nach ganz andern Naturgesetzen, als wir
armen Erdenbewohner. Die Dichter dieser
wundervollen Schauspiele verdienten den Nahmen der Schöpfer in einem viel höhern
Sinne, als Homer oder Sofokles. Diese bilden
ihre Personen nach den Menschen, welche
Gott geschaffen hat: jene bringen Wesen von
ihrer eigenen Erfindung hervor; Geschöpfe,
die uns zwar zu wenig ähnlich sind, um
uns interessieren zu können, aber eben
dadurch desto geschickter sind, uns in
Erstaunen zu setzen, welches die einzige
Absicht der ältern Opernmacher gewesen zu
seyn scheint.

Das Einfache im Plan würde in den Augen dieser seltsamen Schöpfer ein eben so grofser Fehler gewesen seyn, als das Natürliche in der Ausführung. Aurelio würde mit so wenig Personen, als Admet, Alceste, Parthenia und Herkules, seine Adriatische Zuhörerschaft übel unterhalten haben. Er hat also sehr sinnreich noch einen Thrasymedes, Bruder des Admet, und eine Antigone, Prinzessin von Troja, nebst Meraspe, ihrem Grofsvater, beide im Hirtenhabit, eingeflochten, deren Helden - und Liebesgeschichte das Interesse des Stücks vermehren helfen mufs. Überdiefs spielen die Hofdame Eurilla, die Kavaliers Trineus und Orindus, Lillo, der Page der Königin, und Lesbus, des Königs Liebling, theils die Vertrauten, theils die lustigen Personen, mit einer angenehmen Abwechslung, welche den Zuschauer, wenn es auch möglich wäre gerührt zu werden, keinen Augenblick in einem so beschwerlichen Gemüthszustande schmachten läfst.

Von der Poesie des Styls und von der Sprache des Originals können · wir nicht bestimmt urtheilen, da wir es nur aus der vor uns liegenden Übersetzung kennen. Aber was der Deutsche Übersetzer für ein Mann war, werden unsere Leser am besten aus den

Proben abnehmen, die ihnen der folgende
Auszug vorlegt.

Im ersten Auftritte sehen wir, im
königlichen Gemach, den Admet bettlägerig.
Lesbus, sein Liebling, schläft und träumt
neben ihm. Der König sucht sich eine Erleich-
terung seiner Schmerzen durch eine Arie zu
verschaffen. Lesbus im Schlaf singt mit; und
daraus entsteht eine Art von possierlichem
Duett; denn Lesbus, dem von Wiedergene-
sung des Königs träumt, singt grofse
Freude, und der König, der in Schmerzen
liegt, beklagt sich über grofse Plagen.
Endlich wacht Lesbus auf, und fragt den
König:

> Ach! sagt, ob euer Krankheitsjoch
> Sich unterdefs verzogen?
> Mich dünkt jetzund,
> Ihr würdet durch ein blutig Eisen
> Im Augenblick gesund,
> Darüber wollt' ich mich so froh erweisen.

Admet antwortet in einer Ariette:

> Wenn der Parzen Schere nicht
> Herz und Schmerz zugleich zerbricht,
> Kann mich wohl kein ander Eisen
> Zur beständ'gen Ruhe weisen.

Im zweyten Auftritte meldet der Kammerjunker Olindus den Herkules beym Admet an:

> Herr, der großmüth'ge Herkules,
> · Der sich der Tugend stets beflissen,
> Verlangt vor seiner Reise,
> Nach der bekannten Art und Weise
> Die königliche Hand zu küssen.

Admet verspricht, seinen Schmerz zu bezwingen, und Herkules wird vorgelassen. Dieser Herkules ist Held und Freund so sehr, als er es in der ältesten und jüngsten Alceste ist; aber die Art, wie er beides zu Tage legt, muß man von ihm selbst hören.

HERKULES.

> Der güt'ge Himmel gebe doch,
> Daß meinem Freund in diesem Krankheitsjoch
> Von den gestirnten Höhen
> Auch wieder mög' ein Freudenlicht aufgehen.

Admet erwiedert diesen wohlgemeinten Wunsch in gleichem Tone:

> Alcides reise wohl!
> Wenn Fama seine Thaten
> In die Trompete stößt
> Und durch die Lüfte bläst,
> So wird auch meiner Noth gerathen.
> Jedoch, wenn geht die Reise fort?

HERKULES.

Mit Einem Wort, unfehlbar auf den Morgen.

ADMET.

Will denn Alcides sorgen,
Daſs sich sein Fuſs zu uns bemüht,
Eh' er von dannen zieht?

HERKULES.

Weil noch die Sonn' am Himmel steht,
Will ich nach meinen Pflichten
Dem Könige berichten,
Wohin die Reise geht,
Und seiner Majestät daneben
Das letzt' Adio geben;
Denn die Begier zu Ruhm und Ehr'
Erregt mein Herz vielmehr
Als der Iolen Blicke
Und was noch sonst von Cypripor zurücke.

ARIE.

Nichts klingt schöner auf der Welt
Als der Famen Ruhmtrompete,
Wenn sie bey der Grabesstätte
Noch die Heldenthaten meldt;
Nichts klingt schöner auf der Welt.

Mit dieser Arie geht Herkules ab, um
Alcesten Platz zu machen, und es erfolgt ein

Dialog zwischen den beiden Eheleuten, worin
Alceste, als eine wohl erzogene Prinzessin,
mit ihrem Gemahl immer in der dritten Per-
son spricht. Von der Art, wie sie ihm ihre
Zärtlichkeit zu erkennen giebt, mag folgende
Arie zur Probe dienen:

> Werther Bräut'gam, seine Schmerzen
> Gehn mir eben auch zu Herzen,
> Seine Pein ist meine Noth,
> Sein Betrübniſs meine Plage,
> Die ich in dem Busen trage
> Bis sie tilgt ein sanfter Tod.

Admet wendet sich in seiner Angst an eine
Bildsäule des Apollo, die in seinem Schlaf-
zimmer steht, und die Statue antwortet:

> Admetus stirbet und verdirbt
> Wie die verwelkten Amaranthen,
> Wenn nicht jemand von nächsten Anver-
> wandten
> Sein Leben durch den Tod erwirbt.

Lesbus, des Königs Liebling, hat die Ehre,
ein Anverwandter zu seyn; aber, da er hört,
wie gefährlich diese Ehre ist, macht er sich
sogleich auf die Füſse. So weit geht bey ihm
die Freundschaft nicht.

Lesbus (singt er) will wohl gerne di e n e n,
Aber sterben mag er nicht.
Welcher sich dazu verpflicht,
Wird gewiſs nicht lange grünen. D. C.

ALCESTE.

Du darfst gar nicht erschrecken.

LESBUS.

Ja, ja, wenn's so gefährlich steht
Und bis ans Leben geht,
Muſs man sich nach der Decke strecken.
Ich bleibe nicht!

ALCESTE.

Hör' auf, du Bösewicht!
Der König schlieſst die Augenlieder.

LESBUS.

Adieu, zu tausend güter Nacht!
Nehmt meinen Herrn fein wohl in Acht;
Ich komme nun so bald nicht wieder.

Alceste, die nun allein ist, entdeckt, während der König schlummert, ihren Entschluſs in einem an seine Augen gerichteten Liede von drey Strofen:

Ruhet wohl, ihr schönsten Sterne!
Liebste Lichter, gute Nacht!
Wenn ihr ungefähr erwacht,
Und erblickt etwann von ferne
Was die Liebe hat verricht,
So entsetzet euch nur nicht.
Euch zu helfen, euch zu retten,
Euch zu lindern euern Schmerz,
Wählet sich mein treues Herz
Die pechschwarzen Todesketten. u. s. w.

Sie geht hierauf ab, und damit die Bühne
nicht leer stehe, bleibt der Page Lillo zurück,
und unterhält die Zuschauer mit folgenden
sinnreichen Betrachtungen:

Die Königin klagt nicht vergebens,
Weil doch der Zucker ihres Lebens
So jämmerlich verdirbt,
Und in der ersten Blüthe stirbt.
Admetus lieget krank,
Drum muſs auch sie der Liebe Nektartrank
Sammt tausend süſsen Küssen
Noch immerfort vermissen.

ARIE.

Himmel, was für Bitterkeit
Heget doch die süſse Liebe,
Heute helle, morgen trübe,
Ist ihr bestes Ehrenkleid. D. C.

Der Schauplatz verändert sich nunmehr, und nach einigen Auftritten, welche die Liebesnöthen des Thrasymedes und der Antigone, der Eurilla und des Trineus zum Gegenstand haben, erscheint in der dreyzehnten Scene Admet wieder frisch und gesund, und empfängt die Glückwünsche seines Hofes und des Herkules, wird aber bald durch den unversehenen Anblick der Königin, die sich selbst neben einem Springbrunnen im Garten erstochen hat, wieder in grofse Traurigkeit versetzt. Eine Schrift, welche sie zurück gelassen, entdeckt:

> Dafs sie sich selbst dem Tod ergeben,
> Dafs ihr Admetus möge leben.

Hierüber bricht der Unglückliche in folgende Klage aus:

> O Unglück! ach ja, ja,
> Schiefst auf mich los,
> Ihr schädlichen Kometen!
> Ob ihr mich gleich noch nicht gedenkt zu
> tödten.
> Mein Unstern ist zu grofs.
> Ich soll noch länger leben,
> Und meiner Brust stets neue Marter geben,
> Weil ich nicht folgen kann
> Der Sonne meiner Seele,

Die eure finstre Todeshöhle
Aus treuer Liebe lieb gewann.
Jedoch, ihr meine Treuen,
Räumt dieses Jammerbild hinweg,
Und endet meinen Lebens-Weg.
Doch nein, es möchte mich gereuen;
Ich will, mein liebstes Herz,
Ich will noch länger leben,
Und auch dem Tode widerstreben.

Herkules bittet ihn, sein benetztes
Augenpaar zu wischen; aber Admet
läfst ihm unverhohlen, dafs er mehr als eine
blofse Kondolenz von ihm erwarte. Habe er
den Himmel tragen, und seinen treuen
Gesellen (Theseus) aus des Orkus
Schwellen erlösen können: so sey es
seiner Faust auch nur ein kleines, Alcesten wieder zu hohlen. Ich thu' was mir
der König hat befohlen, antwortet
Herkules; und so zieht er zum Höl-
lenschlund; der König geht wohl getröstet
ab, und die Hofjunker, Lillo und Orindus, narrieren inzwischen über die That der
Königin, und das Unternehmen des Herkules;
sie finden jene sehr seltsam, und setzen
wenig Vertrauen in dieses. Lillo schliefst
mit einer Arie, in welcher der Dichter einen
satirischen Seitenblick auf die ehrlichen Bür-
gersfrauen in Leipzig wirft:

Wie viel Männer in der Stadt
Stellten sich wohl krank und matt,
Hätten sie nur einen Bürgen,
Dafs sich ihr verdriefslich Weib
Auch einmahl zum Zeitvertreib
Mit Alcesten möchte würgen.

Den Rest dieses ersten Akts füllen Thrasymedes und Trineus mit ihren respekti-
ven Herzensangelegenheiten aus, und der
Akt schliefst mit einem Ballet von des
Thrasymedes Kavalieren.

Die erste Scene des zweyten Aufzugs
zeigt uns Alcesten in der Unterwelt;
aber nicht etwann im Elysium, sondern in
der Hölle, (wohin sie vermuthlich der
Dichter als eine Selbstmörderin schicken
zu müssen glaubte) mit Ketten an einen
Steinfelsen gefesselt und von zwey Furien
geplagt. Alcestens Standhaftigkeit hält gegen
eine solche Belohnung ihrer Tugend nicht
aus, und sie bereut ihre That in folgender
Ariette:

Verdammter Stofs,
Der mir das Herz durchstochen,
Und meinen Lebensdraht zerbrochen!
Wer macht mich wieder los?
Verdammter Stofs!

Indem sie sich der Verzweiflung über
die Unmöglichkeit ihrer Befreyung überläfst,
erscheint Herkules, mit dem dreyköpfigen
Cerberus kämpfend. Alceste ruft ihn um
Hülfe an. „Euch zu vergnügen, antwortet er, hab' ich das ungeheure
Loch mit kühnem Muth erstiegen."
Nun mischt sich auch Klotho in die Sache,
und erklärt sich, dafs sie aus Hochachtung
für einen so grofsmüthigen Bestreiter alles,
was er noch weiter begehren werde, zu
thun bereit sey. Der bescheidene Herkules
begnügt sich zu verlangen, dafs sie Alcestens
abgeschnittnen Lebensfaden wieder zusammen
knüpfe. Klotho verspricht es ihm, und geht
ab. Herkules verjagt indessen die Furien,
welche durch die Luft abgehen, und dadurch
dem Helden und der befreyten Königin Gelegenheit zu diesem schönen Duett geben:

Von dem Tode zu dem Leben,
Von der Finsternifs zum Licht

Will $\left. \begin{array}{l} \text{mich} \\ \text{dich} \end{array} \right\}$ Herkules erheben,

Und $\left. \begin{array}{l} \text{mir meine} \\ \text{dir deine} \end{array} \right\}$ Freyheit geben,

Drum fürcht' sich Alceste nicht.

Indem sie davon gehen wollen, erscheint
Pluto, und erbofst sich sehr darüber, dafs

„die Geister seines Schwefelpfuhls"
sich die Seelen mit Gewalt rauben, lassen.
Er ruft die Furien zurück, und befiehlt ihnen,
sich der Alceste wieder zu bemächtigen. Aber
Merkurius kündigt ihm an, der Gott,
der in der Luft mit Blitz und Donner spielet, verlange Alcestens Befreyung.
Pluto giebt sich sogleich ohne Widerrede zur
Ruhe:

> Hat's dieser so versehn,
> Will ich auch seinen Willen
> Den Augenblick erfüllen,
> Und wieder in den Schatten ziehn!

> Ich aber in den Himmel fliehn,

antwortet Merkur; und damit schnappt die
Scene zu. Erst in der dreyzehnten finden
wir Alcesten und ihren Erretter wieder in
einem Dorfe unweit Larissa; aber Alcesten
in einem Panzerhemde, um sich unkennt-
lich zu machen, weil sie sich auf einmahl
von einer heftigen Eifersucht befallen fühlt,
und Admets Treue auf die Probe setzen
will.

Die Prüfung schlägt übel aus. Denn
wirklich hat Admet sich inzwischen mit der
Schäferin Antigone in ein Liebesbünd-
niß eingelassen, wobey an Alcesten gar nicht

mehr gedacht wird. Es findet sich auch, dafs
Antigone eben dieselbe Trojanische Prinzessin
ist, um welche er ehemahls durch seinen jün-
gern Bruder T h r a s y m e d e s hatte werben
lassen. Zum Unglück hatte sich der Prinz
selbst in Antigonen verliebt, und dem Könige
seinem Bruder anstatt des Porträts der Prinzessin ein andres gebracht, welches ihm so
wenig gefiel, dafs er von seinem Vorhaben
abstand, und Alcesten heirathete. Alles diefs
entdeckt sich nun nach und 'nach, und giebt,
wie man sich vorstellen kann, zu gewaltigen
Mifsverständnissen, zu vielen grofsen und
kleinen Arien, und den schnakischen Hof-
schranzen Lesbus und Lillo zu ziemlich fros-
tigen Späfsen und Epigrammen über die armen
Leipziger Jungfern Anlafs.

Aber die E n t w i c k l u n g übertrifft alles,
was man von Genien wie Aurelio und sein
Übersetzer erwarten konnte. Admet und Antigone sehen sich nun „t r o t z T h r a s y m e-
d e n s T r ü g e r e y e n" am Ziel ihrer Wünsche, und haben eben ein sehr zärtliches Duett
angestimmt, als Alceste dazu kommt.

Was (ruft sie) mufs mein Auge hier erblicken?
Soll's dieser Hirtin so gelücken?
Ja, ja; doch nein,
Sie mufs was mehr als eine Närrin seyn!

Admet und Antigone fahren fort, einander
Süfsigkeiten zu sagen:

ANTIGONE.

Mein König, mein Gemahl!

ADMET.

Du Schauplatz meiner Freuden!

BEIDE.

Nun weichet alle Qual.

Thrasymed, der diesem zärtlichen Auftritte
seitwärts zugesehen hat, ruft:

Ich kann's nicht länger leiden,
Er sterbe!

und geht mit gezücktem Degen auf den König
los. Aber die in ihrer soldatischen Verklei-
dung noch immer unerkannte Alceste schlägt
ihm den Degen aus der Hand, und rettet
dadurch das Leben ihres Ungetreuen. Zum
Dank läfst sie Admet greifen und vor sich
führen. Aber wie wird ihm, da er sieht,
dafs es Alceste ist!

O Glück, (ruft er) wie hab' ich diefs ver-
schuldt? Alceste! —
Was, Alceste? (ruft die Prinzessin) nun brechen
meine Hoffnungsäste! —

Admet fühlt sich keinen Augenblick in Ver-
legenheit über eine so unerwünschte Erscheinung:

> So weichet dann, Prinzessin, euerm Glücke,
> Und nehmt den Thrasymedes an!
> Mein Herz vergißt was er gethan,
> Weil ich Alcesten lebendig erblicke.

Alceste hat natürlicher Weise gar nichts bey
allem diesem zu sagen. Antigone, mit ihrem
Loose wohl zufrieden, v e r b i n d e t   s i c h den
Thrasymed, der sie m e i n K i n d nennt, m i t
e i n e m K u s s e.   Trineus und Eurilla, welche,
ich weiß . nicht wie, Mittel gefunden haben
auch ein Paar zu werden, m i s c h e n   s i c h
m i t e i n; nur

> Lesbus geht von diesem Schmause
> Ganz leer und ohne Braut nach Hause.

Der Großpapa Meraspe hingegen

> ist erfreut,
> Daß sich der Streit
> So glücklich hat geendet,
> Weil jedes Paar im Liebeshafen ländet.

Um diesen Auszug aus einem so seltsamen
litterarischen Produkt vollständiger zu machen,
sey mir erlaubt, noch eine Probe von den

scherzhaften oder vielmehr schnakischen
Scenen zu geben, worin Lillo und Lesbus
die Zuhörer von Zeit zu Zeit wegen der Thränen, welche sie etwann in den ernsthaftern
vergossen haben könnten, zu entschädigen
suchen. Die folgende zwischen Lillo und
Orindus kann für alle übrigen gelten.

LILLO.

Wie steht's denn, guter Freund?
Seyd ihr auch durch den Korb gefallen?
Ich hätt' es nicht gemeint,
Daſs euch das Herz so trefflich sollte wallen.

ORINDUS.

So hast du mich ertappt?

LILLO.

Du weiſst ja meine Pflicht,
Daſs alles, was mein Ohr erschnappt,
Dem Hofe wird bericht't.

ORINDUS.

Verrathe mich nur nicht!
Ich will mich dankbarlich erzeigen.

LILLO.

Du wirst dich gar zu hoch versteigen,
Weil dir die Schöne widerspricht.

ORINDUS.

Rosilde soll sich doch noch geben.

LILLO.

Gedenkst du dieses zu erleben?

ORINDUS.

Ja, ja.

LILLO.

Ich sage nein,
Sie wird gewiß nicht so einfältig seyn.

ORINDUS.

1.

Jedes Weib ist solcher Art.
Durch ihr Weigern, durch ihr Wehren
Will sie unsre Gluth vermehren,
Bis sich Lieb' und Glücke paart.
Jedes Weib ist solcher Art.

2.

Denn ich weiß schon, wie es geht;
Frauenzimmer muß man bitten,
Weil in solchen spröden Sitten
Ihre ganze Kunst besteht.
Denn ich weiß schon, wie es geht.

Er geht ab.

LILLO.

Ach geh, du kleiner Narre,
Daſs dich der groſse Sparre
Nicht etwann ganz und gar erdrückt.
Du bist gewiſs noch viel zu ungeschickt.
Denn wer die Mädchen will bezwingen,
Muſs allgemach
Die Pfenn'ge lassen klingen;
Das Bitten ist umsonst, die Seufzer sind zu
schwach.

Wären die Dukaten nicht,
Würd' ein schönes Angesicht
Nimmermehr so theuer stehen,
Als es jetzund pflegt zu gehen;
Jedes thäte seine Pflicht,
Wären die Dukaten nicht.

Orindus hat in dieser Scene noch Muth, wie
wir sehen. Aber bald darauf bringt ihn der
unglückliche Fortgang seiner Versuche zu dem
grausamen Entschluſs, „der weiblichen
Gestalt" auf ewig zu entsagen. Er singt:

Gute Nacht, ihr schönen Kinder;
Meine Freyheit ist gesünder
Als der Strick.
Denn durch einen bloſsen Blick
Macht ihr euch zum Überwinder:
Gute Nacht, ihr schönen Kinder!

Sed ohe jam satis est! werden mir die Leser
zurufen, und sich vielleicht wundern, wie es
möglich gewesen sey, dafs eine Alceste wie
diese vor dem Kurfürsten Johann Georg IV.
und seinem Hofe (denn vor diesem wurde
sie im Jahre 1693 aufgeführt) Gnade habe
finden können. Aber im Jahre 1693 hatte
man noch ein ganz anderes Mafs für das
Schöne in der Dichtkunst als jetzt. Herr
Paul Thiemich, der Schule zu St. Thomas
in Leipzig Kollege, welchen uns Stolle 3)
als den Verfasser dieser Alceste nennt,
war ein grofser Dichterschwan zu seiner Zeit.
„Er scheint (so spricht ein gleichzeitiger gelehrter Kunstrichter) zu Opern recht geboren zu
seyn. Wir können die glückliche Leich-
tigkeit und Anmuth seines Ausdrucks
nicht genug bewundern. Seine Arien und
seine Köre sind zum — Küssen. Man kann
nichts lieblichers hören," und so weiter. 4)

-

---

3) Anleitung zur Historie der Gelahrtheit, S. 192.

4) S. Neumeisters historisch-kritische
Dissertazion *de Poetis Germanicis hujus Seculi
praecipuis. MDCXCV. Miramur certe Thimichianae dictionis facilitatem; suavitatem,
qua Ariae (quas ajunt) qua Chori interpositi
pollent, exosculamur, etc. pag.* 109.

Er beruft sich hierüber auf die Offenkün-
digkeit der Sache, und auf den lauten Beyfall,
der den Opern dieses ungemeinen Dichters
sowohl auf dem Hoftheater des Herzogs Johann
Adolf von Weifsenfels, als auf dem
neuen Schauplatze zu Leipzig so oft und von
einer so grofsen Menge entzückter Zuschauer
zugeklatscht worden. Indessen verbirgt uns
eben dieser Kunstrichter nicht, dafs kein kleiner Theil dieses Beyfalls auf die Rechnung
der bewundernswürdig schönen Stimme und
Akzion der Madame Thiemich, der Ehegat-
tin des Dichters, und der vortrefflichen Komposizion des damahligen Kursächsischen Kapell-
meisters Strunck — von welchem diese Alceste
in Musik gesetzt worden — zu schreiben
sey. 5) Auch trug sonder Zweifel die Kunst
des kurfürstlichen Hof-Baumeisters, *Signor
Sartorio*, von welchem die Dekorazionen
und Maschinen zu dieser Alceste herrührten,
nicht wenig zu jener grofsen Wirkung bey.
Wenn wir diefs alles zusammen nehmen, so
werden wir nicht unbegreiflich finden, dafs
Madame Thiemich, als Alceste, mit

---

5) *Attonito similes, si quando illorum Musurge-
tarum, Strunckii puto et Kriegeri, numeri accedunt
musici, voxque et actio conjugis Thimichianae
mirifice suavis et apta mirifice.* Ibid.

ihrem — „Werther Bräut'gam, seine
Schmerzen gehn mir eben auch zu
Herzen," im Jahre 1693 zu Weifsenfels vielleicht eben so viel Thränen aus den Augen
gelockt habe, als die von Madame Koch
mit ausgezeichnetem Beyfall vorgestellte Alceste
im Jahre 1773 zu Weimar gethan hat.

Was uns übrigens das Beste an der Sache
zu seyn, und dem Genius der damahligen Zeit
in Leipzig Ehre zu machen scheint, ist diefs,
dafs ein Schulkollege von St. Thomas
Opern machen, und seine Frau Ehekonsortin
die Hauptrolle darin auf öffentlicher Schaubühne spielen durfte, ohne dafs (wie es scheint)
jemand etwas dawider einzuwenden hatte.
In diesem Stücke haben sich die Zeiten mächtig verändert. Wehe dem Schulkollegen und
der Schulkollegin, die sich in unsern Tagen
so etwas zu Sinne kommen lassen wollten!
Im vorigen Jahrhundert dachte man freylich
noch natürlicher über diese und tausend andre
Dinge. Finden wir nicht unter den alten
Hamburgischen Operndichtern sogar einen
Pfarrherrn, (Heinrich Elmenhorst) der
sich nicht begnügte, in eigner Person Opern
zu machen; sondern sogar den Muth hatte,
diese musikalischen Schauspiele in einer besondern apologetischen Schrift, *Dramatologia*

genannt, da er bereits im Predigtamte stand,
ritterlich zu vertheidigen? 6)

Ich würde vermuthen, dafs eben dieser
Ehrwürdige Herr Heinrich Elmenhorst,
Pastor zu St. Katharina in Hamburg,
derjenige sey, dem die zweyte Alceste, von
welcher ich meinen Lesern Nachricht schul-
dig bin, ihr Daseyn zu danken habe; wenn
Mattheson in seinem musikalischen
Patrioten solche nicht einem gewissen
Herrn Matsen zuschriebe, der übrigens ein
unberühmter Erdensohn gewesen seyn mufs,
weil er sogar in dem Neumeisterischen
Dichterverzeichnisse keine Stelle gefunden hat.
Laut Berichts des vorbenannten musikalischen
Patrioten wurde diese nach der Alceste des
Quinault gemodelte Deutsche Alceste im
Jahre 1680 zu Hamburg aufgeführt, und war
unter den seit 1678 bis 1738 daselbst öffent-
lich gegebenen Deutschen Opern und Operetten
(deren Zahl über zwey hundert steigt) die
dreyzehnte.

Das Exemplar, das ich vor mir habe, führt
folgenden Titel: Alceste, aus dem Fran-

---

6) Neumeister *l. c. pag. 29. Legi meretur
Elmenhorsti Dramatologia, qua Dramata ho-
dierna musica, quas Operas vocare amant, in ministerio
ecclesiastico jam tum constitutus, strenue defendit.*

zösischen ins Teutsche übersetzt,
und in die Musik gebracht von Joh.
Wolfgang Franken, C. M. dritter
Druck (ohne Benennung des Orts und der
Zeit.) In dem ziemlich weitläufigen Vorberichte glaubt der Dichter, es werde nicht
undienlich seyn, „wegen der heidnischen
Götter, die in seiner Oper hin und wieder
vorkämen, ein und anders zu erinnern; indem
etliche · der Meinung seyen, daſs man vermöge
Exod. XXIII. 13. der heidnischen Götter nicht
einmahl gedenken, viel weniger dieselbigen
auf einem öffentlichen Schauplatze aufführ-
ren sollte." Er setzt aber dieser strengen
Meinung unterschiedliche triftige Gründe entgegen; und zwar, „1) daſs nach aller verstän-
digen Theologen Auslegung die besagte Schrift-
stelle bloſs von einem gottesdienstlichen
Gedanken rede, allermaſsen ansonsten die
heilige Schrift mit sich selbst uneins seyn
müſste, als welche an unzähligen Orten der
heidnischen Götter Meldung thue. 2) Şey
die Wissenschaft von den heidnischen Göttern nicht allein zu vielen Dingen nütze, sondern auch einem Gelahrten hoch nöthig, zumahl einem *Theologo*, als welches er (der
Vorredner) mit Zeugnissen und Beyspielen
stattlich erweiset. Ferner und 3) könne ja
von den heidnischen *Autoribus* kein einziger
ohne rechte Kenntniſs der falschen Götter

verstanden werden; und wiewohlen freylich
unterschiedliche schon getrachtet hätten, diese
Heiden aus den christlichen Schulen auszu-
stofsen, so hätten sie dennoch nichts ausge-
richtet, weil verständige Leute gesehen, dafs
alsdann die alte *Barbaries in rempublicam lite-
rariam* wieder einschleichen würde.   Hiezu
komme noch, 4) dafs bishero fast von keinem
rechtschaffenen *Theologo* die Schildereyen der
heidnischen Götter (wann nur dieselben in keiner ungebührlichen und ärgerlichen Gestalt 7)
vorgestellt würden) *in totum* improbiert worden, weil ansonsten aus den meisten Bibeln
und kleinen Kinderlehren die Abbildung des
güldnen Kalbes und des abgöttischen Tanzes
der Kinder Israel um dasselbe her, und aus
der Katharinenkirche in Hamburg die
Schilderey des grofsen güldnen Bildes, welches
der König Nebukadnezar (*Nabuchodonosor*)
setzen lassen, nothwendig müfste verbannt
werden; ja überdem man auch s. v. den
Satan selbst in die Kirche mahle.‘‘

7) Zum Beyspiel, nicht gewandlos.   Man weifs,
wie übel gewisse Zeloten, nach Konstantins des Grofsen
Zeiten, den unbekleideten Statuen mitspielten.   Die
meisten wurden zertrümmert, oder auf eine lächer-
liche Art umgeschaffen; und ein elender Bildhauer,
der eine Venus von Alkamenes bekleidete, glaubte
ein gutes Werk gethan zu haben.

Nun (fährt der wohlmeinende Vorredner fort)
folge ganz natürlich, daſs, wenn man Bücher
von heidnischen Göttern lesen, und ihre Bild-
nisse, ja sogar den leidigen Satanas an heiliger
Stätte aufstellen dürfe, es auch erlaubt seyn
müsse, selbige in einer dramatischen Vorstellung aufs Theater zu bringen; „sintemahlen
ein solches ja nicht geschehe, daſs man sie
verehren wolle, sondern die *Evolutionem
fabulae* oder vielmehr die ehemahlige Blind-
heit der Welt daraus zu erkennen," und so
weiter. — „Wollte man übrigens einwenden:
ob auch wohl eine Person, die einen
solchen Abgott — zum Exempel einen
Apollo, eine Venus, eine Diana und so weiter — vorstelle, in einem christge-
bührlichen Stande sey? — so könne
man *per instantiam* antworten: ob auch ein
Präceptor, der in Schulen den atheistischen
Lucianum oder die heidnischen Poeten, *Hora-
tium, Virgilium,* erkläre, oder ein Mahler,
der den Teufel in die Kirche oder anderswo
hinmahle, in einem solchen Stande sich
befinde? Welches denn wohl kein Vernünftiger werde läugnen wollen. Und da man
noch zum Überfluſs in dieser neuen Ausgabe,
wegen der Schwachen und Unver-
ständigen, unterschiedliche Redensarten
geändert; so werde nichts mehr nöthig seyn,
als daſs man die gemeine Protestazion der

Verfertiger der Italiänischen Opern hierher setze, nehmlich: „Man schreibe als ein Poet, und glaube wie ein Christ." Diesem noch mit anfügend: „Man stelle eine Sache für mit ihren Farben, nicht jemand zu verführen, sondern für den Fall zu verwahren," und so ferner. Aus welchem allen denn erhellet, dafs unser Dichter wenigstens seine Orthodoxie gegen die Belialssöhne seiner Zeit in Sicherheit zu bringen gewufst habe.

Das Stück selbst ist eine freye Übersetzung der Alceste des Quinault, und wir finden also darin, aufser den Hauptpersonen, und einem Lykomedes, der Alceste Liebhaber, einer Cefise, derselben Staatsjungfer, dem alten Feres, dem Kleanth, einem Thessalischen Obersten, und zwey Bedienten, welche sich ziemlich unnütz machen, noch den Apollo, die Diana, die Thetis, die Proserpina, den Pluto, den Äolus, den Merkur, die Alekto und den Charon in Maschinen. Alle diese Personen führt schon Quinault auf; aber unser sinnreicher Landsmann, zu stolz um ein blofser Übersetzer zu seyn, hat ihnen noch eine Person von seiner eignen Schöpfung zugegeben, einen gewissen Rochas, der die Stelle des Hanswursts vertritt, dessen man damahls noch auf keiner Deutschen Bühne entbehren konnte.

Alceste mit Hanswurst — ein barok-
kischer Einfall, wobey wirklich dem Poeten
selbst das Herz ein wenig geschlagen zu haben
scheint! Allein er rechtfertigt sich in seiner
Vorrede damit: „daſs dieser Rochas nicht
für morose und stoische Köpfe, sondern
für Leute, welche einen zulässigen Scherz
lieben, hinzu gefüget worden," und beweiset
die Zulässigkeit der Sache mit einer Stelle
des gelahrten D. Morhofs, welche
unglücklicher Weise für seinen Rochas nichts
beweist.

Wie der Übersetzer dem armen Quinault
mitgespielt habe, könnte sich der Leser vielleicht ohne nähern Beweis einbilden: aber
wir sind ihm wenigstens ein paar Arien zur
Probe schuldig.

Im vierten Auftritte des ersten Akts läſst
sich die Staatsjungfer Cefise mit Jun-
ker Strato, des Königs Lykomedes Vertrauten, in „eine galante Konversazion"
ein. Cefise, fragt ihn: Warum er an einem
so schönen Tage ein so finstres Gesicht mache?
Strato antwortet kurz und verdrieſslich: Weil
er unter die Zahl der miſsvergnügten Liebhaber gehöre. Die Französische Cefise versetzt hierauf:

Un ton grondeur et sevère
N'est pas un grand agrément;
Le chagrin n'avance guère
Les affaires d'un Amant.

Diefs giebt der Deutsche Übersetzer wie folget:

Brummen, Grunzen und Betrüben
  Bringet wahrlich schlechte Freud';
Und befördert nicht im Lieben   .
  Der Verliebten Nutzbarkeit.

Cefise sagt dem Strato geradezu, dafs sie ihn nicht mehr liebe.   Aber wie viel anders klingt diefs in Quinaults Sprache, — welche freylich nicht die Sprache der Götter, aber doch die Sprache der feinen Welt in Ludwigs des Vierzehnten fröhlichern Jahren ist — als in dem plumpen Deutsch der Hamburgischen Staatsjungfern vom Jahre 1680!

CEFISE.

Si je change d'amant,
Qu'y trouves-tu d'estrange?
Est-ce un sujet d'étonnement
De voir une fille qui change?

STRATON.

Apres deux ans passés dans un si doux lien
Devois-tu jamais prendre une chaine nouvelle?

CEFISE.

Ne contes-tu pour rien
D'estre deux ans fidele?

Der Ton dieser Cefise ist der leichte scher-
zende Ton eines jungen muthwilligen Mäd-
chens.   Wie platt und schwerfällig ist hingegen der Ton der Staatsjungfer:

Unbeständigkeit im Lieben
   Wird den Mädchen nachgesagt;
Aber wer ist treu geblieben,
   Wenn man bey den Männern fragt?
Sind wir von der Treu' entfernet,
Haben wir's von euch gelernet.

STRATO.

Ich habe dich ins zweyte Jahr gekannt,
So lange hat die Lieb' uns schon verbunden.
Wie ist denn nun dieß angenehme Band,
So lüderlich verschwunden?

CEFISE.

Bedenkst du dann dieß nur so obenhin,
Daß ich so lang' getreu gewesen bin?

Vermuthlich sind unsre Leser nicht sehr begierig, noch mehr Probestücke von dem Geschmack und der Poesie des Styls dieses Operndichters zu sehen. Aber ein kleines Beyspiel von den *Faceties* und *saillies de gayeté* des kurzweiligen Rochas können wir ihnen nicht erlassen. Man höre also das Brautlied, welches er Admeten und Alcesten singt:

Es ist das beste Thun der Welt
Das zuckersüfse Freyen.
Wer Hochzeit macht und Kindtauf' hält,
Dem wird es nicht gereuen.
Es schmeckt als lauter Marzipan,
Wenn man selbander schlafen kann.

Es ist so süfs als Mandelmus
Und Nürenberger Kuchen,
Wenn man nicht mehr um einen Kufs
Viel Stunden darf ersuchen.
Ich halt', es thut doch trefflich sacht,
Wenn man sich so gemeine macht.

Und will man letzlich denn dazu
Die Braut ins Bette bringen —

LICHAS.

Pfui, Rochas, still! was denkest du?
Mit solchen lahmen Dingen!

ROCHAS.

Ha, ha! Ein jeder weifs doch wohl,
Dafs diefs zuletzt geschehen soll.

„Welch eine Zeit war das, (werden manche
unsrer Zeitgenossen denken) wo man, in Städten, wie Hamburg und Leipzig, auf der
Schaubühne singen hörte, was man zu unsrer
Zeit höchstens noch in einigen kleinen Reichs-
städten Nachts von trunknen Handwerksbur-
schen auf den Gassen plärren hört! — Und,
was das schlimmste ist, damahls hatte Frankreich bereits einen Corneille, einen Racine,
einen Moliere, einen La Fontaine, einen
Boileau!" — Gut! hatte sie, und hat sie
gehabt! — Hat gehabt, was wir noch zu
hoffen haben. Was für armselige Sänger
hatten die Franzosen, zu einer Zeit, da die
Italiäner auf ihren Petrarka, ihren Ariost,
ihren Tasso, ihren Guarini stolz waren!
Zufällige Umstände und gutes Glück
haben entschieden, welche von den barbari-
schen Nazionen des neuern Europa zuerst den
wohlthätigen Einflufs der Musen und Grazien
empfinden sollten. Keine hat Ursache, den
frühern Genufs dieses Glückes sich für ein
Verdienst anzurechnen; und vielleicht ist
diejenige am glücklichsten, die es unter allen
am letzten erhält.

Wenn man übrigens von diesen beiden Alcesten auf die Poesie der andern Opern der damahligen Zeit schliefsen darf: so kann man sich nicht erwehren, die zum Theil vortrefflichen Süjets zu bedauern, die unter den Händen dieser Elmenhorste, Richter, Matsen, Hinsche, Schröder, Fiedeler, Bressande, und wie die Herren weiter hiefsen, zu den kläglichsten Karikaturen verunstaltet wurden. Ich finde darunter (Adam und Eva, eine geistliche Oper, womit die Unternehmer im Jahre 1668 ihren Schauplatz eröffneten, nicht mitgerechnet) Theseus, Semiramis, Alexander in Sidon, (das nehmliche Süjet, woraus Metastasio seinen *Ré Pastore* gemacht) Xerxes, Numa und so weiter, und eine Menge der schönsten mythologischen Süjets, Ariadne, Semele, Acis und Galathee, Echo und Narcifs, Pygmalion, Medea, Adonis, Endymion, Psyche und so weiter, von welchen verschiedene den einst berühmten, jetzt ganz unbekannten Lic. Heinrich Postel zum Verfasser haben.

Vermuthlich sind meine Leser müde, von alten mifslungenen Alcesten reden zu hören; ich bin es wenigstens, davon zu schreiben. Aber gleichwohl, um meine Nachricht etwas vollständiger zu machen, kann ich sie nicht

eher entlassen, bis ich auch noch ein paar
Worte von der dritten Alceste gesagt habe,
welche den berühmten Johann Ulrich
König zum Verfasser hat, und im Jahre 1719
auf dem grofsen Braunschweigischen Theater
aufgeführt wurde.

König sagt uns in seinem Vorberichte,
dafs sein Werk eines Theils eine Übersetzung
der Französischen Alceste sey: aber in der
That hat er durchaus so viel an dieser verändert, davon und dazu gethan, dafs er seine
Alceste mit gutem Fug für seine eigne Schöpfung hätte ausgeben können. Was am meisten
an ihm gelobt zu werden verdient, ist, dafs
er die Würde des Süjets besser in Acht
genommen, und die komischen Scenen weg-
gelassen hat, welche im Quinault das wenige
Interesse, das die ernsthaften allenfalls erregen könnten, fast gänzlich zernichten. Hingegen hat er, durch Vermehrung der Intriguen
und Maschinerien, oder (wie er selbst sich
ausdrückt) durch Vereinigung des Italiänischen und Französischen Geschmacks, (worauf
er sich nicht wenig zu gute thut) den Vorzug erhalten, dafs sein Stück ohne alle Vergleichung abenteuerlicher, unnatürlicher und
ungereimter wurde, und also (weil eine Oper
damahls eben dadurch sich empfehlen mufste)
auch desto besser gefiel, je abgeschmackter

es war. Zur Probe schreibe ich nur das Register der Maschinen und Flugwerke ab. „Eine Brücke, worüber man zu Schiffe geht, welche einfällt. Thetis in ihrem Wagen mit Seepferden, nebst den Nordwinden, welche einen Seesturm erregen. Äolus in der Luft, mit den Westwinden. Des Lykomedes Residenz, so bestürmt und eingenommen wird. Pallas in ihrer Maschine von Trofäen. Diana in einer feurigen Kugel, welche sich theilt und einen halben Mond vorstellt. Merkurius fliegend. Des Charons Kahn, worin er die Seelen überfährt. Des Pluto und der Proserpinen Thron. Der Höllenhund Cerberus, so Feuer speyt. Des Pluto Wagen, worauf Herkules und Alceste wegfahren." — Man nehme zu allen diesen schönen Raritäten noch die mit eingeflochtnen Tänze der verkleideten 8) Grazien und Liebesgötter, Najaden und Tritonen, der Westwinde, welche die Nordwinde vertreiben, der Künste, welche den Tempel der Ehre bauen, und des Plutonischen Hofstaats, der über Alcestens

8) Diefs soll eigentlich so viel sagen, als bekleideten. König besorgte vermuthlich, man möchte glauben, dafs er die Grazien und Najaden *in naturalibus* aufführen werde, wenn er nicht ausdrücklich das Gegentheil versichre.

Ankunft seine Freude bezeigt — und dann
gestehe man, daſs die St. Evremond, die
Remond von St. Mard und andre ihres
gleichen nicht so gar Unrecht hatten, solche
Singspiele (und von andern hatte man zu ihrer
Zeit keinen Begriff) unsinnig zu finden!

Daſs die Poesie, die Sprache, die Recitative und die Arien schon um vieles besser
seyn müssen als in den vorigen, kann man
dem Verfasser des Gedichtes, August im
Lager, voraus zutrauen; und in der That
ist der Fortschritt, welchen unsre Sprache
und Dichterey binnen den sechs und zwanzig Jahren, die von Thiemichs Alceste bis
zu der König'schen verflossen waren,
gemacht hatte, ein wahrer Riesenschritt. Im
Recitativ trägt König (einem Gesetze zu
Folge, welches damahls niemand abzuschüt-
teln wagen durfte) noch die Fesseln des Rei-
mes, welche seinen Gang meistens ziemlich
ungemächlich, schleppend und schwerfällig
machen: aber seine Arien sind gröſsten Theils
· ohne Vergleichung schöner und singbarer,
als in den ältern Alcesten. — Hier einige
Proben, welche, wie mich däucht, dieſs Urtheil
rechtfertigen.

Herkules — der in Quinaults und
Königs Alceste zugleich der Freund und

der heimliche Nebenbuhler Admets ist,
aber seine Liebe wie ein Held bestreitet und
zuletzt besiegt — scheidet von Admet und
Alcesten, nachdem er sie aus Lykomedens
Gewalt befreyet hat, mit dieser Arie, deren
Anfang sich auf Admets dringendes Bitten,
länger zu bleiben, bezieht:

Der Himmel weiſs (und meine Liebe)
Wie gern ich länger bey euch bliebe;
  Doch die Vernunft spricht, Nein!
Laſst ab noch mehr in mich zu dringen;
Mich hierin selber zu bezwingen,
  Das muſs mein gröſster Sieg für dieſsmahl
      seyn.
                V. A.

Hierin und für dieſsmahl sind sehr
entbehrliche Bestimmungswörter, welche die
Sprache und den Vers schleppend machen.
Mit einer kleinen Veränderung wäre der
Schluſs dieser Arie runder und zugleich sing-
barer geworden:

Mich selber zu bezwingen
Soll meiner Siege gröſster seyn.

Erst, nachdem Alceste nicht mehr ist, entdeckt Herkules seinem Freunde, daſs auch
er Alcesten geliebt habe, und noch liebe,

und dafs er, wenn Admet ihm sein Recht auf
sie (die er nun ohnehin auf ewig verloren
habe) abtrete,

> Bis in das finstre Land
> Der nie bestürmten Hölle dringen,
> Den Pluto selbst zur Wiedergabe zwingen,
> Und aus dem Grab Alcesten wiederbringen

wolle. Diese Erklärung bestätigt er mit einer
Arie, die alles enthält, was ein Tonkünstler
verlangen kann:

> Mich spornet der Eifer, mich waffnet die Liebe,
> So stürm' ich die Hölle, so trotz' ich dem Tod.
> Lafs den Abgrund Flammen speyen!
> Das Geliebte zu befreyen
> Verachtet mein Herze die grausamste Noth.

V. A.

Noch eine Arie des Herkules, da er im
Begriff ist, dem Höllengott Alcesten zu ent-
führen —

> Ein grofses Herz kann alles in der Liebe,
> Verlacht den Zwang, und trotzt der Noth:
> Denn Amor thut durch seine Stärke
> In edlen Seelen Wunderwerke,
> Und zwingt zuletzt auch selbst den Tod.

Auch die folgende Arie, worin Alceste sich entschliefst für Admet zu sterben, ist in ihrer Art vorzüglich:

Da mein Leitstern mufs entweichen,
Schliefst sich auch mein Auge zu.
Da das schöne Licht verschwindet,
Dessen Glanz mein Herz entzündet,
Eilet auch mein Geist zur Ruh.

Noch singbarer und affektvoller ist die folgende, womit Cefise sie von ihrem Entschlufs abhalten will:

Ach! lösche doch nicht selbst die holden Kerzen!
Ach! trenne doch nicht selbst das süfse Band,
Das seine Seele deinem Herzen
Und deine Hand verknüpft mit seiner Hand.
Ach! trenne doch nicht selbst das süfse Band.

Und die ganze Scene, wo Alcestens Schatten in Elysium eingeführt wird, welchen Reichthum von schönen Gemählden, empfindsamen Modulazionen und entzückenden Melodien bietet sie einem grofsen Komponisten dar! — Der Schauplatz stellt den Pallast des Höllengottes vor; in der Ferne sieht man einen Theil der elysäischen Felder. Pluto und Pro-

serpine, von einem Kor von Geistern umgeben, empfangen Alcestens Schatten:

PLUTO.

Empfange nun den Preis der allerhöchsten Treue
In ewig stiller Ruh.
Dein neuer Stand läfst nichts als Freude zu;
Hinfort sey dir kein Schmerz bekannt,
Damit dein edler Geist unendlich sich erfreue.

DER KOR.

Empfange nun den Lohn der allerreinsten Treue!

PROSERPINE.

Es soll allhier diefs stille Leben
Dir ewig süfse Ruh und steten Frieden geben.

Der Kor wiederhohlt diese Worte.

PROSERPINE. ·

Du sollst hinfort mir stets zur Seite schweben.

PLUTO.

Das Höllenreich mach' alle seine Lust
Dir, alleredelster und schönster Geist, bewufst.

DER KOR.

Einsame Stille! seliger Ort!
Welchen ohn' Unterschied endlich die Seelen
Willig oder gezwungen erwählen!
Selige Stille! ruhiger Ort!
Du bist nach Sorgen, nach Kummer, nach
Quälen,
Allen Verfolgten der sicherste Port.

Freylich müssen uns die Ausfüllungswör-
ter, die so leicht hätten vermieden werden
können, anstöfsig seyn. Und warum anstatt
des Höllenreichs, welches für uns mit
so widrigen Eindrücken vergesellschaftet ist,
nicht lieber Schattenreich? — Wie kann
man sagen: gezwungen erwählen? — Und
wie kommt dieser ungleichartige Begriff in
Vorstellungen, welche nichts als Ruhe, Frieden und Seligkeit athmen sollen? — Aber
so genau nahmen es freylich die besten Dichter des ersten Drittheils unsers Jahrhunderts
noch nicht. Einheit des Tons, Reinigkeit
des Ausdrucks, Rundung und Glätte des
Styls, waren Grade von Vollkommenheit, die
man von der Zeit, worin König seine
Alceste schrieb, noch nicht verlangen kann.
In der unsrigen kann man es mit besserm
Rechte; aber noch immer lassen sich die

meisten Leser mit wenigerm abfinden. Und
wie wenig sind der Dichter, welche mehr
von sich selbst fordern als die Leser, und
die nicht zu ungeduldig oder zu träge sind,
die Feile so lange zu gebrauchen, bis alles
teres atque rotundum ist!

NACHTRAG ZUR GESCHICHTE

DER

SCHÖNEN ROSEMUNDE.

Nach dem Ausspruch des berühmten D a v i d
H u m e (*History of England*, *Vol. II. chap.*
IX.) ist das zuverlässigste, was die alten
Geschichtschreiber von der schönen R o s e -
m u n d e berichten: „daſs sie eine Tochter
des Lord K l i f f o r d und König Heinrichs
des Zweyten Beyschläferin gewesen, und ihm
zwey natürliche Söhne geboren habe, den
Richard, *Longespée* oder *Longsword* zuge-
nannt, der in der Folge mit E l a, der einzigen Tochter und Erbin des Grafen von S a l i s -
b u r y, vermählt wurde, und G o t t f r i e d,
ersten Bischof von L i n k o l n und nachmah-
ligen Erzbischof von Y o r k." Alle übrigen
Umstände, (sagt Hume) welche gewöhnlich
von dieser Dame erzählt werden, scheinen
f a b e l h a f t zu seyn. In der That hat man
hinlängliche Ursache anzunehmen, daſs das
Vorgeben, sie sey als ein Schlachtopfer der
Eifersucht der Königin E l e a n o r in der Blüthe ihres Lebens gefallen, und die besondern
Umstände ihres Todes, wie sie in einem
bekannten alten Englischen Volksliede erzählt

werden, keine bessere Würdigung verdienen.
Die gleichzeitigen Kronikenschreiber sagen
nichts von einer gewaltsamen Todesart;
und wenn gleich einige, als *Stow*, *Hol-
lingshed* und *Speed*, darin übereinstim-
men, daſs sie ihren Tod für eine Folge der
harten Begegnung, welche Rosemunde
von der Königin erlitten, ausgeben, so sind
sie doch in ihren Ausdrücken darüber so ver-
schieden, daſs man (wie der Herausgeber der
Relicks of Anc. Engl. Poetry bemerkt) eben
so wohl vermuthen kann, daſs diese harte
Begegnung in wörtlichen Beleidigungen und
Drohungen als in wirklichen Thätlichkeiten
bestanden haben könne. Im Mund einer
so stolzen Königin, wie Eleanor von
Guyenne war, kann ein Wort so gut als
ein Dolch seyn: und wiewohl ihre Geschichte
einen Karakter zeigt, dem man, wo es auf
Befriedigung ihrer Leidenschaften ankam, alles
zutrauen darf, und wiewohl sie in einem Zeitalter lebte, wo sich seine Feinde durch Gift
und Dolch vom Halse zu schaffen eben nichts
ungewöhnliches war; so ist doch nicht zu
glauben, daſs sie, ohne einen Nothfall, der
hier nicht wohl denkbar ist, sich einer
Gewaltthat schuldig gemacht haben sollte,
wodurch sie einen Fürsten von so stürmischen Leidenschaften wie Heinrich der
Zweyte, dem sie ohnehin verhaſst genug war,

zur äufsersten Wuth und Rache getrieben haben würde.

Der Umstand, dafs man auf Rosemundens Grabstein in dem Frauenkloster zu Godstow, bey Sekularisierung des letztern, die Figur eines Pokals eingehauen fand, scheint mir nichts gegen diese Meinung zu beweisen: denn, aller Wahrscheinlichkeit nach, wurde dieser Grabstein erst lange nach Rosemundens Tode, und also zu einer Zeit, da die Sage von ihrer Vergiftung schon Wurzeln gefafst hatte, gelegt. Folgende Umstände scheinen mir diese Vermuthung sehr glaubwürdig zu machen.

„Als Rosemunde gestorben war, wurde ihr Leichnam nach dem Kloster Godstow gebracht und daselbst mitten im Kor begraben; vermuthlich ihrem letzten Willen zu Folge, und aus Vorliebe zu diesem Kloster, worin sie erzogen worden war. Lord Klifford, ihr Vater, war ein grofser Wohlthäter desselben gewesen, und auch König Heinrich hatte den Nonnen zu Godstow um Rosemundens willen viel Gutes gethan. Im Jahre 1191, welches das dritte der Regierung König Richards des Ersten (*Coeur de Lion*) war, kam Hugo, Bischof von Linkoln, in die Kirche zu Godstow, um sein Gebet zu verrichten; und wie er in den Kor trat,

· erblickte er ein Grab, das mit einem seidenen
Leichentuch bedeckt und ringsum mit Wachs-
lichtern besetzt war.   Er fragt, wessen Grab
das sey? und man antwortet ihm, Rosemundens, einer ehemahligen Beyschläferin
des letzt verstorbenen Königs, der um ihrentwillen dem Kloster viel Gutes gethan habe.
Wenn das ist, versetzte der strenge Prälat, so
schafft diese H**e weg von diesem Platze,
und begrabt sie aufserhalb der Kirche, damit
die christliche Religion nicht um ihrentwillen
Vorwürfe leiden müsse, und auf dafs andere
Weibsbilder sich an ihrem Beyspiele spiegeln
und vor unerlaubtem Umgang mit Manns-
leuten sich hüten lernen!" —

Diese Erzählung hat den Hoveden, einen
ansehnlichen gleichzeitigen Geschichtschreiber,
zum Gewährsmann, und scheint daher Glauben zu verdienen; wiewohl es sonderbar
genug ist, dafs Hugo von Linkoln nicht
gewufst haben sollte, dafs sein Vorgänger
auf diesem bischöflichen Sitze und damahliger
Erzbischof von York ein leiblicher Sohn dieser
Rosemunde war; und, wenn ers gewufst, dafs
er den Gebeinen der Mutter eines Primaten
von England und Sohnes seines vor kurzem
verstorbenen Königs so unanständig hätte
begegnen sollen.   Nicht zu gedenken, dafs er
bey dieser Gelegenheit sich billig der heiligen

Maria Magdalena und der heiligen Maria
der Ägypterin hätte erinnern sollen, welche
beide der schönen Rosemunde über den Punkt,
der dem Bischof so ärgerlich war, wenig vor-
zuwerfen hatten.

Ob nun gleich zu vermuthen ist, dafs der
Befehl des Bischofs sogleich vollzogen werden
mufste, so fanden doch die gutherzigen und
dankbaren Schwestern zu Godstow in der
Folge Gelegenheit, dem Andenken der liebenswürdigen Wohlthäterin ihres Hauses wieder
die gebührende Ehre zu erweisen. Vermuthlich geschah diefs, als König Johann, (ein
Fürst, der sonst bekannter Mafsen geneigter
war die Kirchen zu plündern als zu beschenken) nach dem Zeugnisse des D. Barcham,
eines andern Geschichtschreibers dieser Zeit,
das in Verfall gerathene Kloster reparieren
liefs, und mit jährlichen Einkünften begabte:
„damit diese heiligen Jungfrauen den Seelen
seines Vaters Heinrich und der bey ihnen
begrabenen Rosemunde durch ihr Gebet die
ewige Ruhe verschaffen möchten." Wahrscheinlich war es bey dieser Gelegenheit, dafs
Rosemundens Grab den Grabstein erhielt, der
sich im sechzehnten Jahrhundert bey Auf-
hebung des Klosters noch vorfand und mit
demselben zerstört wurde. „Er war ringsum
mit einer Einfassung von Rosen und Laub-

werk geziert, und in der Mitte war der
Becher eingehauen, aus welchem sie das
von der Königin ihr gereichte Gift trank,"
sagt Thomas Allen, der wie ein Augenzeuge von der Sache spricht. Die Vermuthung
des Herausgebers der *Relicks of Anc. Engl.
Poetry* — „daſs eben dieser Becher, der vielleicht nur eine zufällige Zierath gewesen, in
der Folge zu dem Wahn, daſs Rosemunde
vergiftet worden, Anlaſs gegeben haben
könnte," — steht auf einem sehr schwachen
oder vielmehr auf gar keinem Fuſse. Diese
populare Sage hat sich, wie viel eher zu vermuthen ist, bald nach dem Tode dieser Dame
zu einer Zeit entsponnen, da Heinrichs groſse
Liebe zu ihr, und die Eifersucht der Königin,
und die Umstände, welche der Meinung, daſs
sie ein Opfer der letztern geworden, einen
Anstrich von Wahrscheinlichkeit 'gaben, noch
in frischem Andenken waren. Wie ein Becher
blofs zufälliger Weise zu der Ehre hätte
kommen sollen, eine Verzierung auf Rosemundens Grabstein zu werden, ist nicht wohl
begreiflich. Hingegen konnte sich binnen
vierzig bis funfzig Jahren jene Volkssage gar
wohl fest genug gesetzt haben, um begreiflich
zu machen, warum man den Becher als Sym-
bol ihrer nun allgemein geglaubten Todesart
auf ihren Grabstein hauen lieſs. Denn so viel
Zeit war wenigstens zwischen Errichtung des

letztern und Rosemundens Tod verflossen,
wenn man auch mit dem neuern Geschichtschreiber Karte annimmt, daſs Rosemunde
erst kurz vor dem Aufstand der Söhne Heinrichs gegen ihren Vater, der im Jahre 1173
ausbrach, gestorben, und die von König
Johann dem Kloster zu Godstow gemachte
Schenkung bald nach seiner Wiederaussöhnung
mit der Kirche im Jahre 1213 erfolgt sey.

Auch der berühmte Labyrinth oder
Bower der Rosemunde (ein andrer Haupt-
umstand der fabelhaften Sage, die der bekannten Ballade zum Grunde liegt) scheint, eben
so wie ihre vorgebliche Vergiftung, aus einem
bloſsen Miſsverstande, und aus der herrschenden Volksneigung, bey der kleinsten Veran-
lassung einer ganz natürlichen und gewöhnlichen Sache eine wunderbare Gestalt zu geben,
entstanden zu seyn. *A Bower* oder *a boure*
(wie dieſs Wort im dreyzehnten Jahrhundert
geschrieben wurde) bezeichnete damahls ungefähr eben das, was die Franzosen ein *Apartement* nennen. Rosemunde, sagt ein alter
prosaischer Parafrast der versificierten Kronik
des Robert von Glocester, 1) hatte

---

1) Warton, der mir diese *Facta* und ihre
Quellen verschafft, setzt die Zeit, da dieser Mönch
seine Kronik geschrieben, um das Jahr 1280. Sie

Zimmer, (*boures*) die ihr König Heinrich
erbauen lassen, in den königlichen Schlös-
sern zu Waltham, Winchester, im Park von
Freemantel, zu Martelston, zu Woodstock,
und an viel andern Orten. Diese Zimmer
behielten noch lange hernach den Nahmen
Rosamonds - Chamber; und L e l a n d
erwähnt in seinem *Itinerarium* eines Thurmes
in dem stattlichen alten Schlosse zu P i c k e-
r i n g in Y o r k s h i r e, der noch zu seiner
Zeit (unter König Heinrich dem Achten)
R o s a m u n d s T h u r m genannt wurde. Zur
Bestätigung daſs *B o w e r* und Zimmer einerley
war, findet sich in dem Lateinisch verfaſsten
Inventar der königlichen Möbeln, oder der
so genannten *P i p e - r o l l* aus König H e i n-
r i c h s des Dritten Zeit, eine *Camera Rosa-
mundae* zu W i n c h e s t e r erwähnt, welche
nach der natürlichsten Vermuthung, nicht
(wie W a r t o n meint) ein Zimmer wo Rosemundens Bildniſs hing, sondern das nehmliche
Zimmer war, welches Heinrich der Zweyte
vermöge des vorangeführten Zeugnisses zu
Winchester für sie hatte einrichten lassen.
Rosemunde hatte also nicht nur ein *Bower*
oder Apartement zu W o o d s t o c k, sondern

beginnt mit dem fabelhaften Stifter der Englischen
Monarchie B r u t, und geht bis auf E d u a r d den
Ersten.

allenthalben wo sich der König ihr Liebhaber
aufzuhalten pflegte. Wahrscheinlich hatten
diese Zimmer einen geheimen Zusammenhang
mit den königlichen, oder waren sonst so
angebracht und eingerichtet, daſs niemand
als der König selbst, oder wer die Erlaubniſs
dazu von ihm erhielt, den Zugang zu selbi-
gen finden konnte. Vielleicht war auch das
zu Woodstock, weil Rosemunde sich während
der Abwesenheit des Königs daselbst aufhielt,
noch behutsamer und geheimniſsvoller gebaut;
und dieſs gab in der Folge, als die Geschichte
dieser Schönen nach und nach mit allerley
romantischen Zusätzen ausgeschmückt wurde,
Gelegenheit zu der Fabel von ihrem labyrinth-
ähnlichen *Bower* zu Woodstock. Nachdem
dann einmahl die Idee von Labyrinth damit
verbunden war, so begreift sich von selbst,
wie man auch darauf verfiel, andere Umstände
aus der Geschichte des Theseus (der sich
mit Hülfe eines von Ariadnen empfangnen
Zwirns in den Labyrinth von Kreta hinein
und wieder heraus gefunden) hinzu zu thun,
und der Sache dadurch einen stärkern Anstrich
von Romanhaftigkeit zu geben.

Auf diese Weise bekommt nun freylich
die Geschichte der schönen Rosemunde eine
sehr glaubwürdige aber auch ziemlich alltäg-
liche Gestalt: dafür thut sie aber auch in

derselben die Wirkung nicht, welche sie in
der Volkssage thut. Der Verfasser der Ballade,
Addison, der Urheber der Englischen Oper
Rosamond, und der Verfasser des Deutschen
Singspiels dieses Nahmens, hielten sich, wie
billig, an die letztere. Denn was gehen den
Dichter die historischen Umstände einer Begebenheit an? Bey ihm ist die Frage nie, wie
eine Sache sich wirklich zugetragen, sondern,
wie sie sich hätte zutragen müssen, um so
angenehm, unterhaltend oder rührend zu seyn,
als es sein und des Lesers Interesse ist, sie
zu machen.

RICHARD LÖWENHERZ

UND

BLONDEL.

Eine Anekdote

aus der alten Geschichte der provenzalischen Dichter. 1777.

Richard, genannt Löwenherz, (*Coeur de Lion*) dritter König von England aus dem Hause Plantagenet oder Anjou, und zweyter Sohn König Heinrichs des Zweyten, bestieg den Englischen Thron im Jahre 1189. Kurz zuvor hatte der edelmüthige Sultan Saladin Jerusalem und das heilige Grab (das durch den abenteuerlichen Fanatismus der Ritterzeit das Grab etlicher hundert tausend Europäischer Christen wurde) nach der berühmten Schlacht bey Tiberias wieder eingenommen, und dadurch Europa von neuem mit allgemeinem Eifer entflammt, die durch diesen Verlust, nach damahliger Vorstellungsart, auf die ganze Christenheit gefallene Schmach wieder zu tilgen und zu rächen. König Richard, der tapferste und ritterlichste Fürst seiner Zeit, war auch der, bey welchem dieser Eifer zur heftigsten Leidenschaft aufloderte. Um in jenen geldarmen Zeiten die zu seinem vorhabenden Kreuzzuge nothwendigen Summen aufzubringen, veräufserte er von den Domänen, Einkünften und

Regalien der Krone so viel er nur immer konnte.
Ich wollte London selbst verkaufen, sagte er,
wenn ich nur einen Käufer dazu finden könnte.
König Filipp August von Frankreich vereinigte sich mit ihm zu diesem Abenteuer; aber,
so wie Er, seinem persönlichen Karakter und
seinem Rang nach, ein Recht zu haben glaubte,
den Agamemnon unter dem vereinigten
Heere der Kruziaten vorzustellen, so hatte
Richard hingegen alle persönlichen Tugenden und Fehler, um die Rolle des Achills
zu spielen. Seine bis zum Romantischen
getriebne Unerschrockenheit und Liebe zu Abenteuern erwarb ihm den Beynahmen Löwenherz, und machte ihn zum Helden eines der
berühmtesten Ritterbücher des dreyzehnten
Jahrhunderts. ¹) Sein Nahme ward so furchtbar unter den Sarazenen und Türken, daſs
die Mütter, um ihre kleinen Kinder zum
Schweigen zu bringen, sie mit dem König
Richard bedräuten. Joinville, der in
seinem Leben des heiligen Ludwigs diesen Umstand erzählt, setzt noch einen andern
hinzu: Wenn die Araber ritten, und ihre
Pferde vor irgend einem ungewöhnlichen
Gegenstande stutzig wurden, so pflegten sie,
indem sie ihnen den Sporn gaben, zu sagen:

---

1) S. Wartons *History of English Poetry,*
Vol. I. 3. und 4.

Wie? meinst du, du sehest den König
Richard? Ich weifs nicht ob sich ein
stärker zeichnender Zug denken läfst. Die
Romanciers dieser Zeiten fanden etwas so
wundervolles in den ritterlichen Thaten dieses
Prinzen, dafs sie sich nicht anders zu helfen
wufsten, als vorzugeben, er sey im Besitz
des in der fabelhaften Geschichte des Königs
Artus so berühmten magischen Schwertes,
Kaliburn oder Eskalibor genannt, gewesen; wiewohl der Roman von König
Artus sagt, sein Schildknappe habe solches
auf Befehl seines Herrn nach dessen Tod in
die See geworfen.

Indessen blieben doch alle Grofsthaten dieses Helden und seiner Mitverbundenen ohne
den abgezielten Erfolg. Eine fatale Eifersucht trennte die christlichen Fürsten, und
entkräftete eine Macht, die durch Eintracht
den Sarazenen hätte verderblich seyn können.
König Richard selbst war zu stolz und
zu heftig in seinen Leidenschaften, um die
übrigen seine persönliche Überlegenheit nicht
zuweilen stärker fühlen zu lassen, als die Klug-
heit es erlaubte. Der König von Frankreich,
der Herzog von Burgund, Leopold Herzog
von Österreich, (der nach dem unglücklichen
Tode des Kaisers Friederich Rothbart
und seines Sohnes an der Spitze der Deutschen

Kruziaten geblieben war) trennten sich von ihm gerade zu einer Zeit, da man die gröfste Hoffnung hatte, Jerusalem den Händen der Ungläubigen wieder zu entreifsen.

Richard blieb allein; und die Frucht aller seiner Heldenthaten war, nebst der Eroberung von Askalon, ein Waffenstill-stand, wodurch den Christen der Besitz des Wenigen, was sie mit so grofsem Aufwand wieder gewonnen hatten, und die Freyheit das heilige Grab zu Jerusalem ungehindert zu besuchen, auf drey Monate, drey Wochen, drey Tage und drey Stunden versichert wurde.

Unternehmungen, wie diese, wo grofse Monarchen ihre Erbländer verlassen und an Menschen und Geld erschöpfen, um in einem entlegenen Welttheil ohne Plan und festen Zweck Abenteuer zu bestehen; wo mit unge-heuern Kräften am Ende — Nichts geschafft, und die ganze Unternehmung, sogar im Moment der Gewifsheit eines vollständigen Erfolgs, mit eben dem Schwindelgeiste, wo-mit sie begonnen worden, wieder aufgegeben wird: eine solche Art zu verfahren mufs uns, nach den Grundsätzen einer gesundern Politik beurtheilt, unsinnig vorkommen. Aber die Kreuzzüge, und besonders König Richards seiner, müssen aus dem damahls in ganz

Europa herrschenden Taumel der irrenden Ritterschaft erklärt werden. Richarden war es blofs
darum zu thun, in die entlegensten Länder
auf ritterliche Abenteuer zu ziehen,
sich mit Sarazenen und Riesen und Löwen
herum zu schlagen, und den Minstrels,
die ihn begleiteten, Stoff zu Romanzen und
Ritterbüchern zu geben. Diesen Zweck hatte
er erreicht, und das Übrige bekümmerte ihn
wenig. Entwürfe auf bleibende Eroberungen,
Unternehmungen, von welchen eine dauer-
hafte Ruhe die Frucht wäre, kamen damahls
nicht in die Köpfe der Helden. Man trieb
und tummelte sich herum, ohne einen andern
Zweck dabey zu haben, als sich herum zu
treiben; man lebte, so zu sagen, von den
Abenteuern des Tages; und man wollte sich
selbst und andern immer noch Arbeit für den
folgenden übrig lassen. Diefs war der Geist
der Ritterzeit!

Richard hatte bey der Belagerung von
Askalon und bey andern Gelegenheiten den
Herzog oder Markgrafen von Österreich,
Leopold, auf eine sehr empfindliche Art
beleidigt, und Leopold, dem es an Muth
fehlte sich die Genugthuung eines Ritters zu
verschaffen, (die ihm Richard nicht verweigert
haben würde) hatte sich mit dem verschlosse-
nen Grimm einer ohnmächtigen Rachbegierde

nach Hause begeben. Aber, was er wahr-
scheinlicher Weise nicht hoffen konnte, —
eine Gelegenheit, Rache an seinem Feinde
zu nehmen ohne seine eigene Person in Gefahr
zu setzen, — spielte ihm das Schicksal und
Richards Unvorsichtigkeit ganz unvermuthet
in die Hände. König Richard, durch die
einheimischen Unruhen seines Reichs und
den unedeln Einfall des Königs Filipp in
seine Französischen Erbländer zur Rückkehr
gezwungen, hatte bey Aquileja Schiffbruch
erlitten, und an diesem Orte die Kleidung
eines Pilgrims angelegt, um unerkannt seinen
Weg durch Deutschland zu nehmen, weil er
in Frankreich nicht sicher zu seyn glaubte.
Um den Nachstellungen des Guvernörs von
Istrien zu entgehen, nahm er einen Umweg
über Wien; und hier verrieth er sich durch
einen Aufwand und Freygebigkeiten, die an
einem Pilgrim um so mehr Aufmerksamkeit
erregten, da er zu sehr das Air eines Helden
hatte, um für das angesehen zu werden, was
seine schlechte Kleidung ankündigte. Kurz,
Richard wurde entdeckt, angehalten, und
nach Linz in ein enges, der königlichen Würde höchst unanständiges Gefängnifs gebracht.
Und hier soll ihm die Avantüre begegnet
seyn, welche der Stoff der gegenwärtigen
Erzählung ist.

Richard hatte seine Jugend meistens in seinen Französischen Erbländern, und einen ziemlichen Theil derselben in der Provence verlebt, wo die Kunst des Gesangs um diese Zeit in der höchsten Blüthe stand, und nicht nur eine der gemeinsten Ergetzlichkeiten der Grofsen bey Gastmählern und Festivitäten ausmachte, sondern auch von vielen unter ihnen selbst mit Ruhm getrieben wurde — wie es im zwölften und dreyzehnten Jahrhunderte bey uns Deutschen auch war. Hier sog Richard die sonderbare Liebe zu der Kunst der Trubadurs oder Minstrels ein, die ihn sein ganzes Leben durch nie verliefs. Ja, die Liebe, welche von jeher so viel Sänger gemacht hat, machte auch ihn zum provenzalischen Dichter; denn das Provenzalische wurde damahls für angenehmer und singbarer als das Französische, und für die eigentliche Sprache der zärtlichen Leidenschaften gehalten. In der Folge war sein Hof, wie der des Landgrafen Hermann von Thüringen, ein Sammelplatz der berühmtesten Minstrels seiner Zeit, unter welchen Fouquet von Marseille, Anselm Faydit und Blondel de Nesle als seine Lieblinge genannt werden.

Der letzte hatte auf dem vorerwähnten Kreuzzuge (wohin dem Französischen Adel, nach Massieus Ausdruck, ganze Legionen Dichter folgten) sich besonders dem König

Richard gewidmet, und war ein Augenzeuge,
ohne Zweifel auch ein Sänger seiner vornehmsten Thaten gewesen — wiewohl um diese Zeit
die Bestimmung der Dichter von der Würde,
die sie in den ältern Zeiten der Barden
und Skalder behauptet hatte, schon ziemlich
herab gesunken war. Denn ehemahls wurden
die Barden als von den Göttern begeisterte
Männer angesehen, und ihr Amt war ein
heiliges und öffentliches Amt. Es war
für sie Pflicht, die Kriegsmänner ihres Volkes auf ihren Heerzügen zu begleiten, ihnen
den Schlachtgesang zu singen, Beobachter und
Richter ihrer Heldenthaten zu seyn, und nach
geendigter Schlacht den Tapfern durch Sieges-
gesänge zu belohnen, den Feigen hingegen
durch Verachtung und Spott zu brandmarken.
Diese Bestimmung bezog sich unmittelbar auf
die Verfassung der alten Celtischen, Germani-
schen und Nordischen Völker — roher, wenig
zahlreicher, von Jagd, Raub und Krieg leben-
der Haufen, in denen das Gefühl der Freyheit,
mit dem Drang der gemeinsamen Noth verbunden, diesen Gemeinheitsgeist, dieses
für Einen Mann Stehen hervorbrachte,
wovon große policierte Nazionen, vermöge
ihrer bürgerlichen und militarischen Verfassung, keinen Begriff mehr haben; wo jeder
allen und alle jedem angehörten; wo eines
Mannes persönliche Tugend als ein Eigenthum

und gemeines Gut seiner Kaste oder seines
Gaues angesehen wurde, und Verachtung des
Lebens, wenns die gemeine Sache galt,
die erste aller Tugenden war, und es, wofern
die kleine Nazion sollte bestehen können, seyn
mußte.

Aber all diefs fand, bey so sehr veränder-
ten Umständen, unter den Nachkommen dieser
Völker in den Zeiten der Ritterschaft
und der Kreuzzüge nicht mehr Statt.
Die Feudalverfassung hatte, durch ganz
natürliche Folgen, jenen Gemeinheitsgeist beynahe ganz ausgelöscht. Die Vasallen waren
mehr oder minder mächtige, und die mächtig-
sten unter ihnen beynahe ganz unabhängige
Herren geworden. Jeder bekümmerte sich
nur um sich selbst, dachte nur auf seine eigne
Erhaltung und Vergröfserung, und hielt seinen
eigenen Hof. Die zufälligen Verbindungen der
Noth oder des Eigennutzes, die der Moment
knüpfte, löste der Moment wieder auf; persönliche Freundschaften unter den Rittern,
und (wiewohl höchst selten) persönliche Treue
gegen den Oberlehnsherrn, waren noch die
einzigen Bande, welche Stärke genug hatten
Probe zu halten, und wohl gar das ganze
Leben auszudauern. In solchen Umständen
konnten die Musenkünste nicht mehr die
Wunder thun, die sie ehemahls gewirkt hatten.
Sie waren nicht mehr unentbehrliche

Triebfedern, nicht mehr Zunder und Nahrung des Gemeingeistes; der Dichter und Sänger war nicht mehr ein Diener des Staats. Stufenweise, so wie die Verfassung, Umstände und Sitten der Staaten selbst sich änderten, sanken sie zu blofsen Künsten des Vergnügens herab, und machten einen Theil des Luxus ihrer Zeit aus. Die Trubadurs und Minstrels wurden eine Art von Hofdienern, die man zur Pracht und zum Zeitvertreib hielt; man liebte, man ehrte sie sogar noch; aber weniger um ihrer wirklichen Verdienste willen, als weil sie sich zur Belustigung der Grofsen unentbehrlich zu machen wufsten; weil man ihre *Lays* und *Fabliaux* liebte, und weil Poesie, Musik und pantomimische Kunst, die sich in der Folge wieder von einander trennten, damahls nur eine einzige Profession ausmachten und von einerley Meistern getrieben wurden. Die Grofsen mochtens zwar noch immer (wie natürlich) wohl leiden, wenn sie von ihren Dichtern besungen wurden: aber das Lob, das sie erhielten, war weniger der verdiente Preis ihrer Tugenden, als Kitzelung ihrer Eitelkeit, und konnte auch nicht wohl mehr seyn, da doch am Ende der am meisten gelobt wurde, der am besten bewirthete und die reichsten Geschenke gab. — Doch diefs ist ein Nebenpfad, dessen Verfolg uns zu weit von unserm Gegenstande führen würde.

Blondel hatte den König Richard auf seiner Rückreise aus dem heiligen Lande beglei- tet; aber durch den Sturm, der den König an die Küste von Istrien warf, war das Schiff, worauf dieser Minstrel sich befand, in die Lagunen von Venedig getrieben worden. Blon- del verfolgte seine Reise durch Deutschland und die Niederlande, und forschte allenthalben fruchtlos nach dem König seinem Herrn und Freunde. Er kam endlich nach England: aber auch da wuſste man nicht, was aus Richarden geworden seyn könnte; denn seine Gefangen- schaft blieb ein ganzes Jahr lang ein Geheim- niſs. Der Minstrel beschloſs seinen geliebten Herrn auszufinden, und wenn er ihn auch in der ganzen Welt suchen müſste. Er reiste lange vergebens, bis endlich ein dumpfes Gerücht, oder eine Vermuthung, die durch die ihm wohl bekannte Erbitterung zwischen Richard und Leopold wahrscheinlich gemacht wurde, ihn in die Staaten des letztern leitete.

Nachdem er sie viele Tage lang durch- wandert hatte ohne auf eine nähere Spur zu kommen, langte er zuletzt bey einem alten Schloſs an, in dessen Thurm ein Gefangener (wie er ausforschte) scharf bewacht wurde. Wiewohl ihm niemand etwas näheres sagen konnte, schlug ihm doch gleich das Herz, daſs es sein Herr seyn könnte. Da es aber unmöglich war, sich auf irgend eine gewöhn-

liche Art, ohne verdächtig zu werden, davon
gewifs zu machen, so versuchte ers folgender
Mafsen. Er fand Mittel, spät in der Nacht
so nahe an den Thurm und unter das Fenster
des Gefangenen zu kommen, dafs seine Stimme
von diesem gehört werden konnte; und nun,
nachdem er auf seiner Cither eine Weile präludiert hatte, fing er ein Lied an, welches
Richard selbst in Palästina zu einer Zeit
gemacht hatte, da er seiner Liebe zu der schönen Margarite Gräfin von Hennegau
am stärksten nachzuhangen Gelegenheit gehabt.
Denn die Gräfin hatte, nach dem Beyspiel der
meisten Damen dieser Zeit, sich auch mit dem
Kreuze bezeichnen lassen, und war ihrem
Gemahl nach dem heiligen Lande gefolgt. Da
es unsern Lesern wenig Trost geben möchte,
wenn wir ihnen (falls wirs auch könnten) dieses *Lay* in der provenzalischen Sprache, worin
Richard es gesetzt, vorsingen liefsen; so haben
wir versucht, es, so gut es gelingen wollte, in
unsre Muttersprache überzutragen — herzlich
wünschend, dafs es wenigstens mehr von der
Kraft und Treuherzigkeit des Originals in sich
haben möchte, als die galantifiierte Übersetzung
der Mselle l'Heritier. [2]

2) In einem kleinen, wenig bekannten Roman,
der den Titel führt: *La tour tenebreuse et les
jours lumineux, Contes Anglois, tirés d'anciens*

Blondel also fing zu singen an, wie
folget:

Brennend tobt' in mir das Fieber,
Sengte jedes Lebensband,
Meiner Augen Licht ward trüber,
Und herüber
Aus dem finstern Schattenland
Streckte schon der Tod nach mir die kalte Hand:
Da kam mein Lieb mit holdem Blick
Und Tod und Fieber wich zurück.

Hier hielt der Minstrel ein; denn das
Lied hatte bey jeder Stanze einen Refrein;
und er·zweifelte nicht, wenn der Gefangene
derjenige wäre, den er suchte, so würde er
sich bey dieser Gelegenheit verrathen.

Seine Erwartung betrog ihn nicht. Eine
dumpfe, aber, wie er wohl hörte, des Gesangs
gewohnte Stimme aus dem Innern des Thurms
hervor, vollendete die Stanze mit folgendem
Refrein:

Ich sag' es ohn' Erröthen,
Das süfse werthe Weib
Es hilft in allen Nöthen,
Und tröstet Seel' und Leib.

*Manuscrits, contenant la Chronique, les Fabliaux
et autres Poesies de Richard I. surnommé Coeur
de Lion. Paris 1705. 12.*

Blondel fuhr fort:

Ringsum mit Gefahr umfangen
Focht ich in der wilden Schlacht;
Dicht, wie Gottes Hagel, drangen
Spiefs' und Stangen
Auf mich ein mit aller Macht;
Schon ersank mein Arm und um mich her ward's
           Nacht:
Da rief ich meine Dame an,
Und Sieger blieb ich auf dem Plan.

Die nehmliche Stimme antwortete:

Ich sag' es ohn' Erröthen,
Das süfse werthe Weib
Es hilft in allen Nöthen,
Und tröstet Seel' und Leib.

**Blondel beschlofs mit der letzten Stanze
des Liedes:**

Lafst das Feldgeschrey erschallen,
Wie im ungestümen Meer
Winde brausen, Donner knallen,
Alles fallen,
Alles splittern um mich her,
Hohes Muthes wird mein Herz doch nimmer
           leer:
Kein Schicksal mich zu Boden fällt,
So lang' die Lieb' empor mich hält.

Die Stimme antwortete abermahl:

> Ich sag' es ohn' Erröthen,
> Das süfse werthe Weib
> Es hilft in allen Nöthen,
> Und tröstet Seel' und Leib.

Grofs war Blondels Freude; denn er konnte nun kaum zweifeln, dafs es König Richard sey, der ihm geantwortet: aber um sich gleichwohl noch völliger zu überzeugen, setzte er aus dem Stegreif die vierte Stanze in der nehmlichen Weise hinzu:

> Neid und feige Rachgier lauern
> Nachts im Wald dem Löwen auf,
> Zwingen ihn in finstern Mauern
> Auszudauern;
> Treue leitet Blondels Lauf:
> Harre, Löwenherz! bald springt dein Kerker auf!

Und alsobald antwortete die Stimme, gleichfalls aus dem Stegreif:

> O wäre Margot nur bey mir,
> Der Himmel, spräch' ich, wäre hier!
> Denn — sollt' ich defs erröthen? —
> Das süfse werthe Weib
> Es hilft in allen Nöthen,
> Und tröstet Seel' und Leib.

Jetzt glaubte der getreue Blondel seiner Sache völlig gewifs zu seyn; aber seinem

Herren unmittelbare Hülfe zu leisten, war ihm
unmöglich. Indessen hatte Richard wenigstens die Stimme seines geliebten Minstrels
erkannt, und er mochte nun glauben, daſs es
Blondel selbst oder sein Geist gewesen
sey, immer muſst' es ihm Trost und Muth
geben, nach einer so langen Todesstille und
Verlassenschaft von allem was ihm lieb war,
eine Freundesstimme gehört zu haben, die
ihm Befreyung versprach.

Blondel flog nach England zurück,
machte den Baronen des Reichs den Ort
bekannt, wo ihr König gefangen gehalten würde, und beförderte dadurch dessen Befreyung,
welche einige Monate darauf — wiewohl mit
vieler Mühe und Umständen, die dem Kaiser
Heinrich dem Sechsten und dem Herzog
Leopold wenig Ehre machen — auch wirklich
erfolgte. *S. Fauchet Recueil de l'origine de
la Langue et Poesie Françoise, p. 95.*

ENDE DES XXVI. BANDES.